Bieli
Texte checken

Alex Bieli

TEXTE CHECKEN

30 Trainingseinheiten zum besseren Textverständnis

der bildungsverlag

Alex Bieli
Texte checken
30 Trainingseinheiten zum besseren Textverständnis
ISBN 978-3-0355-1514-5

Bibliografische Information der Deutschen Nationalbibliothek:
Die Deutsche Nationalbibliothek verzeichnet diese Publikation
in der Deutschen Nationalbibliografie; detaillierte bibliografische
Daten sind im Internet über http://dnb.dnb.de abrufbar.

1. Auflage 2019

www.hep-verlag.com

Vorwort

An die Lernenden

Sportlerinnen und Sportler sind erfolgreich, wenn sie regelmäßig und systematisch trainieren: Grundlagen erarbeiten, Gelerntes mit Übungen weiterentwickeln, Bewegungsabläufe durch vielfaches Wiederholen automatisieren. So ähnlich kann man sich auch gutes Textverständnis aneignen. Dieses Buch hilft Ihnen dabei, denn »Texte checken« enthält 30 Trainingseinheiten – übersichtlich strukturiert auf je einer Doppelseite: links der Text, rechts die Aufgaben. Dabei ist die Einstiegsaufgabe bei allen Texten gleich. Anschließend folgen je nach Text unterschiedliche Fragen zum Kontext, zum Inhalt, zur Form und zur Sprache.

Die meisten Aufgaben können Sie aus dem Text heraus und mit den zusätzlichen Hinweisen lösen. Bei einzelnen Fragen ist ein Blick in den vorderen Teil des Buches nötig. Dort finden Sie kurze Erklärungen zu den Textsorten, Grundbegriffe der Literatur, typische Merkmale der verschiedenen Textarten sowie eine Liste mit rhetorischen Figuren.

»Texte checken« enthält sowohl Sachtexte als auch literarische Texte und deckt unterschiedliche Textsorten ab: Erzählung, Gedicht, Fabel, Parabel, Zeitungsbericht, Werbetext, Interview etc. Zudem ist jede der 30 Trainingseinheiten einem Schwierigkeitsgrad zugeordnet. Die Zuordnung ist wie folgt zu verstehen:

Hier sind die Texte sowohl vom Vokabular als auch vom Satzbau her relativ einfach zu verstehen. Auch thematisch sind sie leicht zugänglich. Die Aufgaben und Fragen bewegen sich auf einem einfachen bis mittleren Niveau.

Zwei Punkte heißt, dass die Texte inhaltlich und strukturell komplexer und sprachlich anspruchsvoller sind. Zudem ist der Schwierigkeitsgrad der Aufgaben und Fragen auf einem mittleren bis anspruchsvollen Niveau angesiedelt.

Bei diesen Trainingseinheiten handelt es sich sowohl inhaltlich als auch sprachlich um anspruchsvolle Texte. Die Aufgaben dazu sind dementsprechend herausfordernder. Oft geht es auch um Interpretationen und mögliche Lesarten.

Mit »Texte checken« können Sie Ihr Textverständnistraining systematisch und gezielt gestalten: Wählen Sie einen Text aus, nehmen Sie sich 20 bis 30 Minuten Zeit, lesen Sie den Text genau durch und lösen Sie die Aufgaben. Vergleichen Sie Ihre Antworten mit den Lösungen und dokumentieren Sie Ihren Fortschritt im Lernjournal. Arbeiten Sie auch zu zweit oder in einer Gruppe, denn wer gemeinsam lernt, ist in der Regel motivierter und hat mehr Erfolg. So werden Sie beim Textverständnis schon bald ganz vorne mitspielen!

Im Oktober 2019
Alex Bieli

Inhaltsverzeichnis

Theoretische Grundlagen ... 9

Übungstexte ... 27

Lösungen ... 91

Lernjournal ... 123

THEORETISCHE GRUNDLAGEN

1. Wie »checkt« man Texte? 11

2. Textsortenwissen 15

3. Grundbegriffe der Literatur 21

4. Rhetorische Figuren 25

1. Wie »checkt« man Texte?

Die vier wichtigsten Voraussetzungen für das erfolgreiche Analysieren und Verstehen von Texten sind:

Systematisch vorgehen

Für das »Entschlüsseln« von Texten gibt es verschiedene Methoden. Hier werden zwei Lesemethoden vorgestellt. Entscheiden Sie selber, welche für Sie besser geeignet ist.

Die SQ3R-Methode

1. Schritt	2. Schritt	3. Schritt	4. Schritt	5. Schritt
Survey	**Q**uestion	**R**ead	**R**ecite	**R**eview
sich einen Überblick verschaffen	Fragen stellen (W-Fragen)	den Text genau durchlesen	den Inhalt rekapitulieren (wiedergeben)	das Gelernte repetieren

Drei-Ü-Lesemethode

1. Schritt	2. Schritt	3. Schritt
Überfliegen: diagonales Lesen	**Ü**berblicken: konzentriertes Lesen	**Ü**berarbeiten: systematisches Lesen
Den Text als Ganzes erfassen:	Inhalt und Form überblicken:	Den Text bearbeiten:
• Thema	• Leitfragen (W-Fragen)	• Leitfragen (W-Fragen)
• Umfang	• Wort- und Textverständnis	• Markierungen
• Gliederung	• Personen	• Randnotizen
• Schreibabsicht	• Aufbaustruktur	• Visualisierungen
• Textsorte	• Schlüsselstellen	• Antworten zu den Fragen
• Bilder, Grafik u. a.	• Sprache	• Detailverständnis

Stifte und Marker verwenden

Stifte (Bleistift, Farbstifte u. a.) und Marker sind die wichtigsten Werkzeuge beim Lesen von Texten. Damit können einzelne Wörter und Textstellen hervorgehoben, Randnotizen gemacht und Visualisierungen angefertigt werden.

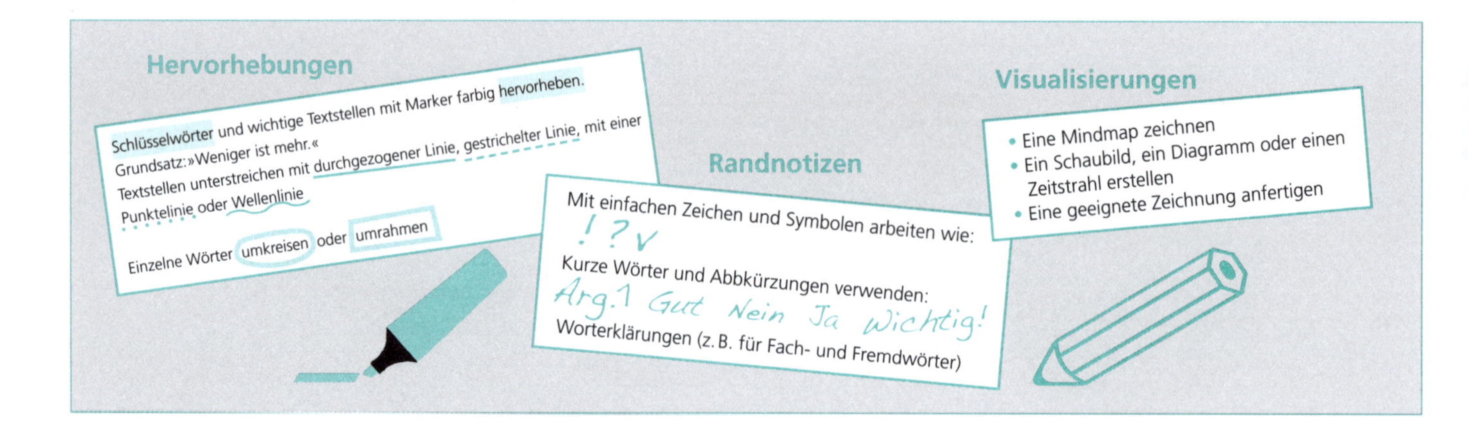

Konzentriert arbeiten

Richten Sie Ihre Konzentration ganz auf den Text und gehen Sie strukturiert vor (siehe Lesemethoden, Seite 11). Sorgen Sie für eine ruhige Lernumgebung. Bewahren Sie die innere Ruhe auch in Prüfungssituationen.

Fragen stellen

Stellen Sie Fragen an den Text. Es handelt sich dabei primär um sogenannte W-Fragen: Was? Wer? Wo? Wann? Weshalb? Wie? usw. Die folgenden beiden Analyse-Instrumente zeigen Ihnen, um was für Fragen es sich dabei konkret handeln kann. Je nach Text können aber nicht immer alle Leitfragen beantwortet werden.

Analyse-Instrument für Sachtexte

Fragen zum Kontext	Fragen zum Inhalt
• Wann ist der Text entstanden? • Wer hat den Text verfasst? • Wo wurde der Text publiziert? • Was ist die Schreibabsicht? • Um welche Textsorte handelt es sich? • An wen richtet sich der Text?	• Welches ist das zentrale Thema? • Welches sind Nebenthemen? • Welche Aspekte des Themas werden behandelt? • Welche Argumente werden genannt?
Fragen zum Aufbau	**Fragen zur Sprache**
• Wie ist der Text aufgebaut? • Wie umfangreich sind die einzelnen Abschnitte? • Wie ist der Text angereichert? (Bilder, Grafik, Zeichnung …)	• Wie ist die Wortwahl? (einfach, klar, umgangssprachlich, fachsprachlich …) • Wie ist der Satzbau? (einfach, kompliziert) • Wie lässt sich der Schreibstil einordnen? (Umgangssprache, Fachsprache, gehobener Stil …) • Welche sprachlichen Besonderheiten fallen auf? (direkte/indirekte Rede, Wiederholungen, Sprachbilder …)

Analyse-Instrument für literarische Texte

Bei literarischen Texten wird die Analyse mit einer Interpretation ergänzt. Das Wort »interpretieren« stammt aus dem Lateinischen und bedeutet »etwas erklären«, »auslegen«. Es geht also um mehr als um das reine Verstehen des Inhalts. Es geht auch darum, herauszufinden, was »zwischen den Zeilen« gemeint sein könnte. Im Vergleich zu einem Sachtext müssen vor allem die Fragen zum Inhalt noch differenzierter formuliert werden. Je nach Text können auch hier nicht immer alle Fragen beantwortet werden.

Fragen zum Kontext

- Wann ist der Text entstanden?
- Wer hat den Text verfasst?
- Wo wurde der Text publiziert?
- Um welche Textsorte handelt es sich?
- Welche Absicht verfolgt der Autor/die Autorin?
- Welche Haltung des Autors/der Autorin kann man erkennen?

Fragen zum Inhalt

Thema

- Welches ist das zentrale Thema?
- Welches sind Nebenthemen?

Handlung

- Was passiert (Aktionen)?
- Wann findet das Geschehen statt (Zeit)?
- Wo findet das Geschehen statt (Ort)?

Personen

- Welche Personen kommen vor (Personenkonstellation)?
- Welche Person steht im Mittelpunkt (Hauptfigur)?
- Welche Gefühle und Ideen hat die Hauptfigur?
- Wie verändern sich die Figuren?

Fragen zum Aufbau

- Wie ist der Text aufgebaut?
- Wo gibt es Überraschungen?
- Wo ist der Höhe- bzw. Wendepunkt?
- Aus welcher Perspektive wird das Geschehen dargestellt?

Fragen zur Sprache

- Wie ist die Wortwahl?
- Wie ist der Satzbau?
- Welche Sprachbilder werden verwendet?
- Welche sprachlichen Besonderheiten fallen auf?
- Welche Beziehung zwischen Sprache und Inhalt kann festgestellt werden?

Beispiel einer Textbearbeitung

Zeilen		Randnotizen
	Am Eisweiher	
1	Ich war mit dem Abendzug aus dem Welschland nach Hause gekom-	Ich-Erzähler
2	men. Damals arbeitete ich in Neuchâtel, aber zu Hause fühlte ich	Hauptfigur
3	mich noch immer in meinem Dorf im Thurgau. Ich war zwanzig Jahre	20-jährig
4	alt.	
5	Irgendwo war ein Unglück geschehen, ein Brand ausgebrochen, ich	Panne 1
6	weiß es nicht mehr. Jedenfalls kam mit einer halben Stunde Verspä-	
7	tung nicht der Schnellzug aus Genf, sondern ein kurzer Zug mit alten	Rückblende
8	Wagen. Unterwegs blieb er immer wieder auf offener Strecke stehen,	
9	und wir Passagiere begannen bald, miteinander zu sprechen und die	
10	Fenster zu öffnen. Draußen roch es nach Heu, und einmal, als der	Sommer
11	Zug eine Weile gestanden hatte und das Land um uns ganz still war,	
12	hörten wir das Zirpen der Grillen.	
13	Es war fast Mitternacht, als ich mein Dorf erreichte. Die Luft war noch	Mitternacht / Dorf
14	warm, und ich trug die Jacke über dem Arm. Meine Eltern waren	
15	schon zu Bett gegangen. Das Haus war dunkel, und ich stellte nur	
16	schnell meine Sporttasche mit der schmutzigen Wäsche in den Flur. Es	
17	war keine Nacht zum Schlafen.	
18	Vor unserem Stammlokal standen meine Freunde und berieten,	Treffen mit Freunden
19	was sie noch unternehmen sollten. Der Wirt hatte sie nach Hause	
20	geschickt, die Polizeistunde war vorüber. Wir redeten eine Weile	Polizeistunde?
21	draußen auf der Straße, bis jemand aus dem Fenster rief, wir sollten	
22	endlich ruhig sein und verschwinden. Da sagte Stefanie, die Freun-	Stefanie und Urs
23	din von Urs: »Warum gehen wir nicht an den Eisweiher baden? Das	Paar
24	Wasser ist ganz warm.«	
25	Die anderen fuhren schon los, und ich sagte, ich würde nur schnell	
26	mein Fahrrad holen und dann nachkommen. Zu Hause packte ich	
27	meine Badehose und ein Badetuch ein, dann fuhr ich den anderen	
28	hinterher. Der Eisweiher lag in einer Mulde zwischen zwei Dörfern.	
29	Auf halbem Weg kam mir Urs entgegen.	
30	»Stefanie hat einen Platten«, rief er mir zu. »Ich hole Flickzeug.«	Panne 2
31	Kurz darauf sah ich dann Stefanie, die an der Böschung saß. Ich stieg	Ich-Erzähler
32	ab.	und Stefanie
33	»Das kann eine Weile dauern, bis Urs zurückkommt«, sagte ich. »Ich	
34	gehe mit dir, wenn du magst.«	
35	Wir schoben unsere Fahrräder langsam den Hügel empor, der hinter	
36	dem Weiher lag. Ich hatte Stefanie nie besonders gemocht, vielleicht	
37	weil es hieß, sie treibe es mit jedem, vielleicht aus Eifersucht, weil Urs	
38	sich nie mehr ohne sie zeigte, seit die beiden zusammen waren. Aber	
39	jetzt, als ich zum erstenmal mit ihr alleine war, verstanden wir uns	Beziehung?
40	ganz gut und redeten über dies und jenes.	

Beispiel einer Textvisualisierung

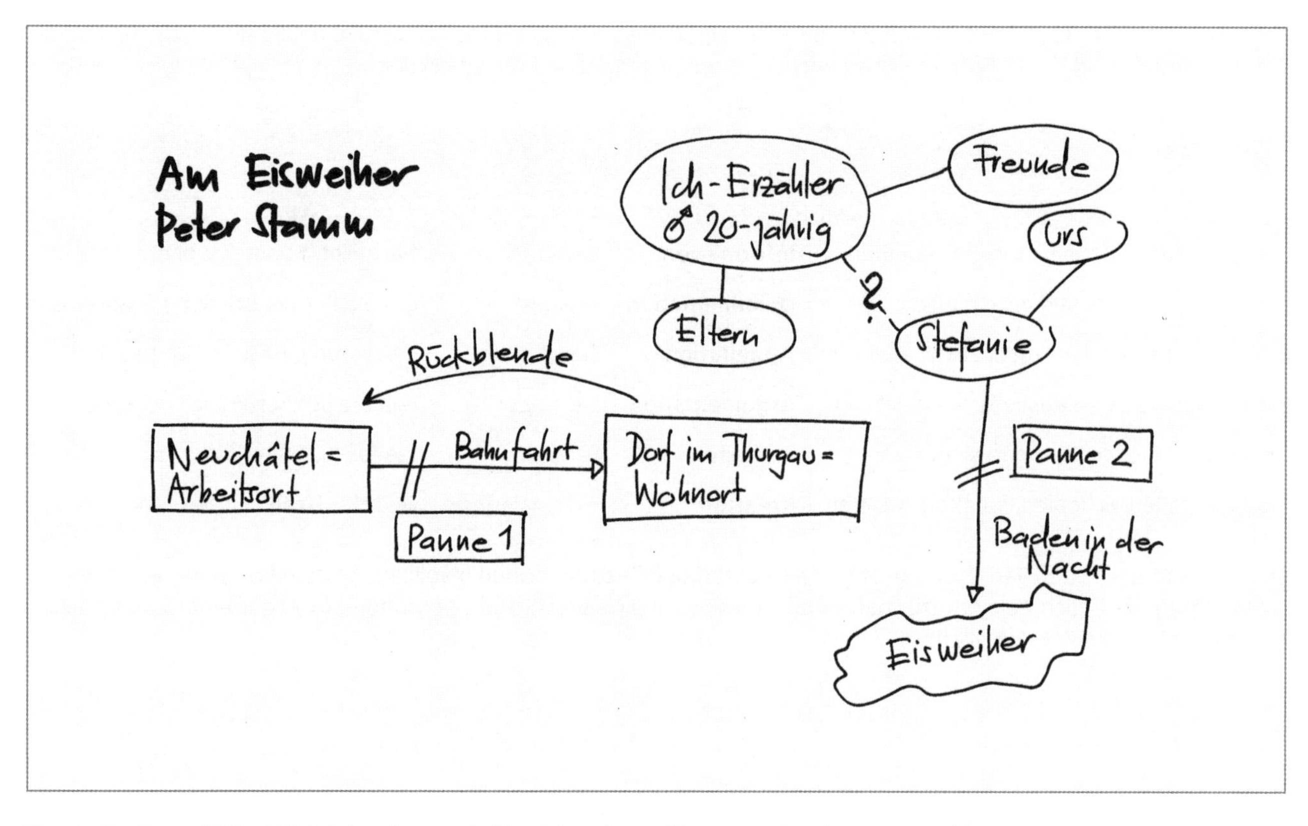

Hinweis: Der Text auf Seite 14 beinhaltet die ersten beiden Seiten der Erzählung »Am Eisweiher«. Die Geschichte endet mit einem tödlichen Unfall. Quelle: siehe Seite 127.

2. Textsortenwissen

Es existieren verschiedenste Formen von Texten. Sie unterscheiden sich in der Funktion, der Schreibabsicht, hinsichtlich des Umfangs, des Aufbaus und der Sprache. So sieht ein Stelleninserat ganz anders aus als eine Erzählung, und ein Gedicht hat andere Formelemente als ein Zeitungsbericht.

Eine wichtige Unterscheidung ist die Einteilung in Sachtexte und fiktionale (= erfundene) Texte. Fiktionalen Texten begegnen wir vor allem in der Literatur; sie werden daher auch als literarische Texte bezeichnet. Doch eine klare Trennung der verschiedenen Textsorten ist nicht immer möglich. Vor allem in der modernen Literatur werden häufig Mischformen verwendet.

Textsorten	
Sachtexte	**Fiktionale Texte**
	Epik **Dramatik** **Lyrik**
Abbildung der Wirklichkeit sachliches, genaues Schreiben »Handwerk-Texte«	Fantasie, Dichtung, Erfundenes kreatives, fantasievolles Schreiben »Kunstwerk-Texte«
Bericht, Protokoll, Inhaltsangabe, Gesuch, Leserbrief, Bedienungsanleitung u. a.	Erzählung, Fabel, Märchen, Roman, Hörspiel, Theaterstück, Spielfilmtext, Gedicht u. a.

Schreibabsicht, Textfunktion und Textsorte

In der Regel stellt man sich vor dem Verfassen eines Textes die Frage, wozu man den Text schreibt. Man klärt also die Schreibabsicht, auch Schreibintention genannt. Diese bestimmt somit die Textfunktion und die Textsorte. Für das Textverständnis und die Textanalyse ist es wichtig, diese Zusammenhänge zu erkennen.

Schreibabsicht (Schreibintention)	Text-funktion	Text-sorte	Beispiele
Etwas bekannt machen, mitteilen, kundtun	**Information**	Sachtext	Nachricht, Rundschreiben, Kündigung
Etwas festhalten, notieren, vermerken	**Dokumentation**	Sachtext	Protokoll, Arbeitsbericht, Gesprächsnotiz
Zu etwas bewegen, aufrufen, etwas erwirken	**Appellation**	Sachtext	Bewerbung, Gesuch, Werbebrief
Etwas begründen, zu etwas Stellung nehmen	**Argumentation**	Sachtext	Facharbeit, Erörterung, Leserbrief
Über etwas nachdenken, nachsinnen	**Reflexion**	Sachtext	Tagebuch, Essay, Kolumne
Etwas gestalten, schöpfen, schaffen, kreieren	**Kreation**	Fiktionale Texte	Gedicht, Erzählung, Roman

Oftmals sind bei Texten verschiedene Schreibabsichten und Textfunktionen involviert, beispielsweise bei einer Bewerbung: Ich will mich bekannt machen (= Information), meine Bewerbung begründen (= Argumentation) und eine Anstellung erwirken (= Appellation).

Einteilung von Sachtexten

Sachtexte können nach verschiedenen Kriterien eingeteilt werden. Die folgende Tabelle zeigt eine Einteilung nach dem primären Verwendungszweck.

Privater Gebrauch	Schule und Beruf	Medien
• Briefe • Grußkarten • Tagebuch • Notizen • Private E-Mail u. a.	• Aufsatz/Essay • Erörterung • Facharbeit • Bewerbung • Protokoll • Konzept • Arbeitsbericht • Arbeitszeugnis • Geschäftsbrief u. a.	• Meldung/Bericht • Kommentar • Reportage • Interview • Kolumne • Leserbrief u. a.

Einteilung von fiktionalen Texten

Fiktionale Texte können in drei Gruppen eingeteilt werden. Man spricht von drei literarischen Gattungen: Epik, Dramatik, Lyrik.

Epik	Dramatik	Lyrik
Fiktionale Texte, in denen etwas erzählt wird. Sie werden auch Prosatexte genannt.	Fiktionale Texte, die für die Darstellung auf der Bühne (oder im Film) verfasst sind.	Fiktionale Texte, mit denen primär Gefühle und Empfindungen ausgedrückt werden. Sie sind meistens in Versen und Strophen verfasst.
Beispiele: Sage, Märchen, Fabel, Parabel, Kurzgeschichte, Roman	Beispiele: Theaterstück, Oper, Musical, Comedy-Show, Spielfilm	Beispiele: Gedicht, Liedtext, Ballade, Ode

Merkmale der verschiedenen Sachtexte

Textsorte	Inhalt, Form, typische Merkmale, Sprache
Bericht	• Der Bericht informiert sachlich, wahrheitsgetreu und knapp über ein Ereignis (Unfall, Veranstaltung, Arbeit u. a.). • Der Bericht ist systematisch aufgebaut (z. B. Pyramidenaufbau beim Zeitungsbericht). • Der Text gibt Antworten auf die *W-Fragen Was, Wer, Wann, Wo, Wie, Warum, Welche Folgen* …? • Ein Zeitungsbericht enthält keine persönliche Meinung und Wertung; bei einem Arbeitsbericht hingegen sind persönliche Äußerungen möglich. • Sprache: einfach und sachlich, Zeitform: Präteritum. • Formen: Unfallbericht, Sportbericht, Konzertbericht, Arbeitsbericht u. a.
Interview	• Das Interview ist ein Gespräch mit einer Person oder einer Personengruppe. • Es wird nach Tatsachen, Meinungen, Einstellungen und auch Gefühlen gefragt. • Beim Lesen eines Interviews fühlt man sich den Personen sehr nahe, fast wie bei einem Livegespräch. • Sprache: Fragen und Antworten, direkte Rede, zum Teil Ausdrücke und Wendungen aus der Umgangssprache. • Formen: Interview zu einer Sache, zu einer Meinung, zu einer Person sowie Mischformen.
Porträt	• Das Porträt ist ein Bild einer Person in schriftlicher Form. • Im Porträt werden sowohl äußerliche Merkmale (Alter, Geschlecht, Beruf, Aussehen, Kleidung usw.) als auch Charaktereigenschaften beschrieben. • Sprache: aussagekräftige, passende Wörter, direkte und indirekte Rede, einfache, eher kurze Sätze, Zeitform: Präsens, für Vergangenes Präteritum. • Formen: Personenporträt, Selbstporträt, Berufsporträt u. a.
Reportage	• Die Reportage ist ein persönlich gefärbter Erlebnisbericht. • Die Reportage vermittelt im Gegensatz zum reinen Sachbericht neben Fakten auch Stimmungen und Atmosphäre. • Die schreibende Person bringt sich selber ein, zeigt sich, nimmt Stellung, wertet und kommentiert. • Der Text ist eine Mischung von verschiedenen Elementen: Bericht, eigene Erlebnisse und Gedanken, Stellungnahme, Gefühle. • Sprache: sachlich und neutral, aber auch emotional und wertend; Ich- und Wir-Formen, direkte und indirekte Rede. Um den Lesenden das Gefühl zu vermitteln, nahe am Geschehen zu sein, wird für Vergangenes oft die Präsensform verwendet. • Formen: Reisereportage, Kriegsreportage, Sportreportage u. a.
Kommentar	• In einem Kommentar nimmt jemand zu einem aktuellen Thema Stellung. • Die Meinung der schreibenden Person kommt klar zum Ausdruck. • Es werden Argumente genannt, die den eigenen Standpunkt begründen. • Ein guter Kommentar endet mit einem pointierten Schluss. • Sprache: klar, direkt, wertend, kritisch, angriffslustig. • Wichtig: Kommentare müssen als solche gekennzeichnet und mit dem Namen des Verfassers bzw. der Verfasserin versehen sein.

Textsorte	Inhalt, Form, typische Merkmale, Sprache
Kolumne	• Eine Kolumne ist ein kurzer, meist einspaltiger journalistischer Beitrag. • Die Kolumne erscheint regelmäßig in Zeitungen, Zeitschriften oder Online-Medien. • Der Verfasser bzw. die Verfasserin äußert sich persönlich und pointiert zu einem bestimmten Thema oder zu einer bestimmten Person. • **Sprache:** einfach, klar, oft ironisch-kritisch mit Übertreibungen, Anspielungen, Wortspielen, Vergleichen u. a.
Leserbrief	• Ein Leserbrief ist eine persönliche Meinungsäußerung zu einem (meist aktuellen) Thema. • Der Verfasser bzw. die Verfasserin nimmt oft kritisch und emotional Stellung. • Die Redaktionen bestimmen Regeln zu Form und Inhalt. Ein Recht auf Veröffentlichung gibt es nicht, so werden z. B. ehrverletzende oder rassistische Texte nicht publiziert. • Jeder Leserbrief muss mit dem Namen gekennzeichnet sein. • **Sprache**: klar und knapp, engagiert, spannend, persönlich. Ich- und Wir-Formen, keine Abkürzungen.
Erörterung	• Eine Erörterung ist eine vertiefte gedankliche Auseinandersetzung mit einem Thema. • Die eigene Meinung wird dargelegt und mit Argumenten begründet. • Man unterscheidet zwei Formen: die lineare Erörterung und die dialektische Erörterung. • In der linearen Erörterung nimmt man gegen oder für etwas Stellung. • Bei der dialektischen Erörterung stellt man Pro- und Kontra-Argumente gegenüber und kommt am Schluss zu einem Fazit. • **Sprache:** klar, direkt, überzeugend; möglichst neutral, erst am Schluss Ich- bzw. Wir-Formen.
Werbetext	• Werbetexte sind appellierende Texte, das heißt, man wird aufgefordert, etwas Bestimmtes zu tun. • Die Texte stellen nur das Positive dar, häufig in übertriebener Art und Weise. • Werbetexte sind oft nach der AIDA-Formel aufgebaut: A = Attention (Aufmerksamkeit), I = Interest (Interesse), D = Desire (Verlangen/Wunsch) und A = Action (Handlung, Kauf). • **Sprache:** kreativ, lebendig, oft mit Superlativen, Sprachbildern und Wiederholungen. • **Formen:** Werbetexte für Autos, Kurse, Hotels usw.

Merkmale von literarischen Texten

Textsorte	Inhalt, Form, typische Merkmale, Sprache
Erzählung	• Unter einer Erzählung versteht man im weiteren Sinne alle Formen der Literaturgattung Epik, also die erzählenden Formen. • Im engeren Sinne meint man alle Formen, die von der Länge her zwischen der Kurzgeschichte und dem Roman liegen. • Merkmale sind: geschlossene Handlung mit Einleitung und Schluss, Spannungsaufbau, bestimmte Zeit, definierter Ort, Haupt- und Nebenfiguren. • Formen: Erlebniserzählung, Fantasieerzählung.
Märchen	• Märchen sind erfundene Geschichten mit zauberhaften Handlungen und Figuren (Prinzen, Hexen, Zwergen, Kobolden, Zauberern, Geistern u. a.) • Alles ist möglich: Die Naturgesetze sind aufgehoben; Tiere, Pflanzen und Gegenstände können sprechen. • Der Inhalt baut auf Gegensätze auf: gut/böse, arm/reich, schlau/dumm, schön/hässlich. Am Schluss siegt immer das Gute. • Märchen beginnen oft mit »Es war einmal ...«. • Bekannte Beispiele: Hänsel und Gretel, Rotkäppchen, Dornröschen, Die Sterntaler (Brüder Grimm).
Sage	• Die Sage ist eine kurze Erzählung mit historischem Hintergrund. • Die Geschichte wurde ursprünglich mündlich überliefert. • Das Ereignis wird fantasievoll erzählt, könnte sich aber – im Gegensatz zum Märchen – zugetragen haben. • Bekanntes Beispiel: Die Sage von Wilhelm Tell.
Fabel	• Fabeln sind kurze Erzählungen, in denen sich Tiere wie Menschen verhalten. • Die Tiere haben menschliche Eigenschaften (Löwe = stark, Fuchs = schlau, Hase = feige). • Am Schluss steht meistens eine Lehre oder Moral; die Fabel soll zum Nachdenken anregen. • Sprache: einfach, kurze Sätze, viel Dialog (direkte Rede). • Bekannte Beispiele: Der Rabe und der Fuchs, Der Löwe und die Maus, Reineke Fuchs.
Parabel (Gleichnis)	• Eine Parabel ist eine kurze lehrhafte Geschichte, die sich, im Gegensatz zur Fabel, in der Realität hätte abspielen können. • Die Erkenntnisse sollen von den Lesenden in ihr Alltagsleben übertragen werden. • Oft handelt es sich um weltanschauliche oder religiöse Themen. • Bekannte Beispiele: Die Ringparabel (Lessing), Das Gleichnis vom verlorenen Sohn (Bibel), Andorra (Frisch).

Textsorte	Inhalt, Form, typische Merkmale, Sprache
Roman	• Der Roman ist eine weitverbreitete epische Großform. Romane haben meist eine Haupthandlung und zahlreiche Nebenhandlungen. • Im Mittelpunkt steht oftmals das Schicksal eines einzelnen Menschen, einer Familie oder einer Personengruppe; die Figurenkonstellation kann sehr komplex sein. • **Formen:** Nach inhaltlichen Aspekten unterscheidet man: Entwicklungsroman, Bildungsroman, Abenteuerroman, Reiseroman, Familienroman, Liebesroman, Kriegsroman, Kriminalroman u. a. • Als **Trivialroman** gelten Romane, die in erster Linie der Unterhaltung dienen und die Welt und die beschriebenen Charaktere sehr vereinfacht und klischeehaft darstellen. Sie sind in einer einfachen, allgemein verständlichen Sprache verfasst. Beispiel: Arztroman, Heimatroman, Erotikroman, Wildwestroman u. a.
Kurzgeschichte	• Die Kurzgeschichte ist eine Erzählung, die in knapper Form einen kurzen Ausschnitt (Momentaufnahme) aus dem Leben eines Menschen beleuchtet. • Thematisch geht es häufig um ein alltägliches, aber prägendes Ereignis. • Typisch sind der direkte Einstieg und der offene Schluss, häufig mit einer überraschenden Pointe. • Das Wort ist eine Übersetzung des englischen Begriffs *short story*. • **Sprache:** leicht verständliche Alltagssprache, sehr knapp, minimalistische Ausdrucksweise. Vieles wird nur angedeutet.
Gedicht	• Das Gedicht gehört zur Gattung der Lyrik. Es sind Texte, die in Versform (oft aufgeteilt in Strophen) verfasst werden. • Weitere typische Merkmale sind: bildhafte Sprache, Reime und ein bestimmtes Metrum (z. B. Jambus oder Trochäus). • In Gedichten werden meistens Empfindungen, Gefühle und bestimmte Stimmungen ausgedrückt. • In der Regel tritt ein Erzähler oder Sprecher auf; man spricht vom »lyrischen Ich«. • **Sprache:** kreative Wortschöpfungen, gefühlvoll, oft auch verschlüsselt; wohlklingend und rhythmisch. • **Formen:** Liebesgedichte, Trauergedichte, Naturgedichte, Lieder/Songs, Balladen.
Satire	• Die Satire ist keine eigentliche Textsorte. Der Begriff Satire (satirisch) bezeichnet die Art und Weise, wie etwas dargestellt wird, nämlich überspitzt und verspottend. • Die Satire kann als Erzählung, Gedicht, Theaterstück, Film oder auch als Zeichnung (= Karikatur) vorkommen. • Die Satire arbeitet mit Übertreibungen, Sprachwitz, Ironie, Komik, Parodie, Polemik u. a. • Mit einer Satire sollen Personen und/oder gesellschaftliche Zustände (z. B. das politische System) kritisiert werden. • **Sprache:** direkt, pointiert, angriffslustig, aber auch emotional und humorvoll.

3. Grundbegriffe der Literatur

Autor/in

Als Autor bzw. Autorin bezeichnet man die Person, die einen Text verfasst. Der Text kann ein Sachtext oder ein literarischer Text sein.

Beispiele: Der Autor der Erzählung »Am Eisweiher« (siehe Seite 14) ist Peter Stamm. Bekannte Autorinnen und Autoren aus der deutschen Literatur sind: Goethe, Schiller, Kleist, Keller, Hesse, Dürrenmatt, Bachmann, von Arnim u. a.

Chronologisches Erzählen

Die Handlung wird genau in der Abfolge der Ereignisse dargestellt.

Beispiel aus der Erzählung »Am Eisweiher«: *Jedenfalls kam mit einer halben Stunde Verspätung nicht der Schnellzug aus Genf, sondern ein kurzer Zug mit alten Wagen. Unterwegs blieb er immer wieder auf offener Strecke stehen, und wir Passagiere begannen bald, miteinander zu sprechen und die Fenster zu öffnen.*

Direkte Rede

Die Figuren äußern sich direkt zu einem Geschehen. In der Regel entsteht ein Dialog. Die direkte Rede ist in einem Prosatext meistens mit Anführungs- und Schlusszeichen gekennzeichnet.

Beispiel aus der Erzählung »Am Eisweiher«: *Da sagte Stefanie, die Freundin von Urs: »Warum gehen wir nicht an den Eisweiher baden? Das Wasser ist ganz warm.«*

Erzählbericht

Als Erzählbericht bezeichnet man alle Teile, in denen Handlungen, Schauplätze und Personen beschrieben werden.

Beispiel »Am Eisweiher«: *Ich war mit dem Abendzug aus dem Welschland nach Hause gekommen. Damals arbeitete ich in Neuchâtel, aber zu Hause fühlte ich mich noch immer in meinem Dorf im Thurgau. Ich war zwanzig Jahre alt.*

Erzähler

In literarischen Texten bezeichnet man als Erzähler oder Erzählerin diejenige Figur, die die Geschichte erzählt. Sie ist aber eine fiktive Gestalt und darf nicht gleichgesetzt werden mit der Autorin oder dem Autor. So kann beispielsweise eine 70-jährige deutsche Autorin in ihrem Roman einen 30-jährigen jungen Mann aus Irland erfinden und diesen die Geschichte erzählen lassen.

Beispiel: In »Am Eisweiher« wird die Geschichte von der 20-jährigen Hauptfigur erzählt.

Erzählperspektive

Mit Erzählperspektive ist der Blickwinkel gemeint, aus welchem die Geschichte erzählt wird. Man unterscheidet zwischen Ich-Perspektive (> Ich-Erzähler) und Er- bzw. Sie-Perspektive (> Er-Erzähler bzw. Sie-Erzählerin).

Beispiel »Am Eisweiher«: Die Geschichte wird aus der Ich-Perspektive erzählt.

Erzählsituation

Die Erzählsituation wird bestimmt durch die Erzählperspektive. Man unterscheidet drei Formen: Ich-Erzählsituation (Ich-Perspektive, Ich-Erzähler, ist meist Teil der Erzählung); personale Erzählsituation (Er-Erzähler, Er-Perspektive); auktoriale Erzählsituation (ebenfalls Er-Erzähler, Er-Perspektive). Den auktorialen Erzähler nennt man auch allwissenden Erzähler, denn er kennt nicht nur die ganze Handlung, sondern auch die Gefühle und Gedanken der Figuren. Der auktoriale Erzähler berichtet, kommentiert und wertet oft auch. Der personale Erzähler hingegen weiß nicht alles, sondern folgt einer Figur. Die Lesenden wissen dann etwa so viel wie diese Figur, aber nicht mehr.

Erzählzeit

Mit Erzählzeit ist die Dauer gemeint, die man braucht, um einen Text zu lesen. Bei einer Kurzgeschichte kann die Erzählzeit nur ein paar Minuten, bei einem Roman je nach Lesetempo mehrere Stunden oder Tage betragen.

Beispiel: Für die Erzählung »Am Eisweiher« braucht man circa drei Minuten Lesezeit.

Erzählte Zeit

Mit erzählte Zeit ist die Zeitspanne gemeint, die im Text dargestellt wird. Bei einem Roman kann sich die Zeitspanne über mehrere Jahrzehnte ausdehnen.

Beispiel: In der Erzählung »Am Eisweiher« beträgt die Zeitspanne rund zwei Stunden.

Er- bzw. Sie-Erzähler

Der Er-Erzähler ist selbst nicht Teil der Handlung, tritt also nicht in Erscheinung. Sprachliche Formen sind er, sie, sein, ihre usw.

Beispiel: Würde »Am Eisweiher« aus der Er-Perspektive erzählt, lauteten die ersten beiden Sätze wie folgt: *Er war mit dem Abendzug aus dem Welschland nach Hause gekommen. Damals arbeitete er in Neuchâtel, aber zu Hause fühlte er sich noch immer in seinem Dorf im Thurgau. Er war zwanzig Jahre alt.*

Figurenkonstellation

Mit dem Begriff »Figurenkonstellation« wird das Verhältnis und Zusammenspiel der verschiedenen Figuren bezeichnet. In der Regel kommen in einer Erzählung eine Hauptfigur und mehrere Nebenfiguren vor.

Beispiel »Am Eisweiher«: Ich-Erzähler = Hauptfigur; Stefanie und Urs = Nebenfiguren.

Handlung

Mit Handlung ist der Ereignisablauf gemeint. In größeren Werken, zum Beispiel in einem Roman, gibt es neben der Haupthandlung oftmals verschiedene Nebenhandlungen. Der Handlungsverlauf wird häufig auch mit dem englischen Begriff plot bezeichnet.

Beispiel »Am Eisweiher«: Die Haupthandlung besteht aus dem nächtlichen Ausflug der Freunde an den Eisweiher.

Handlungsraum

Als Handlungsraum bezeichnet man die Örtlichkeiten und Schauplätze, an denen die Handlung spielt. Die Handlung kann sich in einem sehr begrenzten Raum, zum Beispiel in einer Wohnung, oder auch in einem größeren Raum wie einer Stadt abspielen.

Beispiel »Am Eisweiher«: Handlungsraum ist das Dorf und dessen Umgebung mit dem Eisweiher.

Indirekte Rede

Die erzählende Figur berichtet fast wörtlich, was sie selber oder eine andere Figur sagt. Diese Textstellen stehen ohne Anführungs- und Schlusszeichen.

Beispiel »Am Eisweiher«: ... *bis jemand aus dem Fenster rief, wir sollten endlich ruhig sein und verschwinden.*

Ich-Erzähler

Der Ich-Erzähler berichtet aus seinem Blickwinkel und kann auch selber Teil der Handlung sein. Sprachliche Formen sind ich, mein, mir; wir, uns, unser usw.

Beispiel: Erzählung »Am Eisweiher«.

Interpretation

Bei einer Interpretation geht es um die Deutung eines literarischen Textes; man muss also herausfinden, was »zwischen den Zeilen« gemeint sein könnte. Dabei gibt es nicht nur eine einzige korrekte Deutung, sondern es sind immer mehrere Deutungsvarianten möglich. Nach der Lektüre formuliert man eine Vermutung, eine sogenannte Interpretationshypothese. Diese muss mit Textstellen überprüft und belegt werden. Dazu untersucht man inhaltliche, sprachliche und formale Besonderheiten.

Beispiel einer Interpretationshypothese: In der Erzählung »Am Eisweiher« (siehe Seite 14) wird gezeigt, dass unser Leben oft schicksalhaft durch Zufälle bestimmt wird. Im Text zeigt sich dies dadurch, dass die Handlungen des Ich-Erzählers durch ein Unglück (Brand, Z. 5) und später durch eine Fahrradpanne (Z. 30) bestimmt werden. (Am Schluss der Geschichte springt Urs in den Weiher und verletzt sich dabei tödlich.)

Innerer Monolog

Der innere Monolog ist eine Art stummes Selbstgespräch. Als Leserin und Leser begeben wir uns in die Gedanken- und Gefühlswelt der erzählenden Figur hinein.

Beispiel: Nehmen wir an, der Autor von »Am Eisweiher« würde die Gedanken des Ich-Erzählers wie folgt wiedergeben (Zeile 29): Urs ganz alleine? Irgendetwas stimmt hier nicht.

Protagonist und Antagonist

Der Protagonist ist die Hauptfigur und in der Regel der Haupthandlungsträger. Seinen Gegenspieler nennt man »Antagonist«. Diese Konstellation kommt in vielen Erzählungen, Fabeln, Märchen und Theaterstücken vor (z. B. Wilhelm Tell versus Geßler). Auch in Filmen ist sie sehr verbreitet; so funktionieren alle James-Bond-Filme aufgrund dieser Gegensatzpaarung.

Beispiel: In der Erzählung »Am Eisweiher« ist der Ich-Erzähler der Protagonist und Urs, der Freund von Stefanie, der Antagonist.

Rückblende

Die Rückblende ist ein Blick in die Vergangenheit, das chronologische Erzählen wird für einen Moment unterbrochen.

Beispiel: In der Erzählung »Am Eisweiher« liegt zwischen dem ersten Satz (Ich war mit dem Abendzug aus dem Welschland nach Hause gekommen.) und dem ersten Satz des dritten Abschnitts (Es war fast Mitternacht, als ich mein Dorf erreichte.) eine längere Rückblende, in der über die Zugfahrt berichtet wird.

Spannungsaufbau

Die meisten Erzählungen sind nach folgendem Muster aufgebaut: 1. Einleitung, 2. Hauptteil, 3. Schluss. Im Hauptteil wird die Spannung aufgebaut (= Spannungskurve). Oftmals kommt es zu Überraschungen, die in einem Höhepunkt enden. Der Schluss ist meistens sehr kurz. (Die Technik des bewussten Spannungsaufbaus ist vor allem auch in Fernsehkrimis gut zu beobachten.)

Beispiel: In »Am Eisweiher« bildet die Begegnung des Ich-Erzählers mit Stefanie einen ersten Höhepunkt. Später ist Urs' Unfalltod Höhepunkt und Wendepunkt zugleich.

Vorausdeutung

Die Vorausdeutung ist ein Blick in die Zukunft. Der Erzähler deutet etwas an, das sich noch ereignen wird. Mit Vorausdeutungen kann Spannung erzeugt werden.

Beispiel: Der Zug traf pünktlich in Bern ein, die Polizisten warteten bereits auf uns. Hätten wir gewusst, was auf uns zukommen würde, wären wir schon in Olten ausgestiegen. Wir gingen gespielt locker auf die beiden uniformierten Herren zu.

Zeitdeckung

Von Zeitdeckung spricht man, wenn die Erzählzeit ungefähr gleich lang dauert wie die erzählte Zeit. Bei direkter Rede ist dies immer der Fall. (Vergleich mit dem Fernsehen: Eine Direktübertragung eines Tennisspiels dauert genauso lange wie das Spiel selber.)

Beispiel aus der Erzählung »Am Eisweiher«: »Stefanie hat einen Platten«, rief er mir zu. »Ich hole Flickzeug.«

Zeitdehnung

Die Zeitdehnung ist das Gegenteil der Zeitraffung: Das Erzählen (und Lesen) dauert länger als die eigentliche Handlung.

Beispiel: In einer Erzählung wird ein Blitzeinschlag über mehrere Sätze detailliert und ausführlich beschrieben. (Vergleich mit dem Fernsehen: Von einem Fußballspiel wird ein Torschuss in Zeitlupe gezeigt. Die Zeitlupensequenz dauert 10 Sekunden, das Tor fiel in einer Sekunde.)

Zeitraffung

Bei der Zeitraffung ist die Erzählzeit kürzer als die erzählte Zeit. (Vergleich mit dem Fernsehen: Die Zusammenfassung eines Marathonlaufs dauert nur zwei Minuten; das Rennen selber war über zwei Stunden lang.)

Beispiel: Wir können die Erzählung »Am Eisweiher« in gut drei Minuten lesen, die erzählte Zeit umfasst aber rund zwei Stunden.

Zeitsprung

Bei einem Zeitsprung werden Ereignisse übersprungen und bestimmte Zeiträume ausgelassen.

Beispiel: In »Am Eisweiher« werden verschiedene Zeiträume ausgelassen, so zwischen »Es war keine Nacht zum Schlafen.«/»Vor unserem Stammlokal standen meine Freunde …« (Z. 17/18)

4. Rhetorische Figuren

Rhetorisches Stilmittel	Erklärung	Beispiele
Metapher	Sprachbild (griech. = »Übertragung«) *Häufige Verwendung in Gedichten, aber auch in der Alltagssprache.*	• Wüstenschiff (= Kamel) • Blechschlange (= Autokolonnen) • Jemandem das Herz brechen (= jemanden stark enttäuschen) • Eine rosarote Brille tragen (= alles zu optimistisch sehen)
Vergleich	Vergleich von Eigenschaften, Dingen usw. *Häufige Anwendung in der Werbung.*	• Stark wie ein Löwe. • Stolz wie ein Pfau. • Ferien wie im Paradies! • Haut so glatt wie Seide.
Personifizierung	Vermenschlichung von Dingen und Ideen *Häufige Anwendung in Gedichten und in der Werbung.*	• Der Tag ist erwacht. • Frankreich hat gewählt. • Der Dollar liegt am Boden. • Junge Angebote – freche Preise! • Einsam ist jeder Busch und Stein, / Kein Baum sieht den andern (Hesse, Gedicht »Im Nebel«)
Euphemismus	Beschönigung (Mehrzahl: Euphemismen, griech. = »beschönigende Umschreibung«) *Negatives soll verharmlost, beschönigt oder sogar als positiv dargestellt werden.*	• suboptimal (für schlecht) • bildungsfern (für ungebildet) • heimgehen (für sterben) • freistellen (für entlassen) • talentfrei (für unbegabt) • Preisanpassung (für Verteuerung) • Personenunfall (für Selbsttötung, SBB-Sprachregelung)
Ironie	Sprachwitz (griech. = »Verstellung«) *Das Gegenteil des Gemeinten ist formuliert.*	• Das hast du ja wieder toll gemacht. • Du bist mir ein schöner Freund! • Eine Drei im Aufsatz? – Gar nicht so schlecht. • Toll, diese neue Frisur!
Wortspiel	Wortspielereien mit Mehrdeutigkeiten. Sie sollen zum Nachdenken anregen. *Häufige Verwendung in der Werbung und in Sprichwörtern.*	• Ohne Lehre in die Leere … • Sie fahren mit Abstand am besten! • Modehaus Chic: Wir ziehen Frauen an! • Wer nicht mit der Zeit geht, geht mit der Zeit. • Möchten Sie einen Test wagen? • Kein Brot ist hart, aber kein Brot ist hart.
Pleonasmus	Verdoppelung	• alter Greis, junges Baby • runde Kugel, weißer Schimmel • Rückantwort, Grundbasis • Einzelindividuum, Zukunftsprognosen
Oxymoron	Verknüpfung widersprüchlicher Begriffe *Häufige Verwendung in der Literatur; kreative Sprache.*	• bittersüß, traurigfroh • lautes Schweigen, kleine Ewigkeit • Hassliebe, offenes Geheimnis, Eile mit Weile • »... es stinkt nach Fruchtbarkeit, nach blühender Verwesung.« (Frisch: Homo faber)

Rhetorisches Stilmittel	Erklärung	Beispiele
Alliteration	Wiederholung von Wörtern mit demselben Anfangsbuchstaben *Häufige Verwendung in der Werbung und in Sprichwörtern.*	• Lieber länger leben. • Milch macht müde Männer munter. • Veni, vidi, vici.
Anapher	Wiederholung von Wörtern oder Wortgruppen am Satzanfang *Häufige Verwendung in Reden und Sprichwörtern.*	• Keiner wehrte sich. Keiner sagte ein Wort. • Wer soll uns helfen? Wer soll uns retten? • Alle haben es gewusst. Alle haben mitgemacht.
Inversion	Umstellung der Satzglieder *Häufige Anwendung in Gedichten und Reden.*	• Noch ist nichts verloren. • Still und blendend lag der weiße Schnee (Keller, Gedicht »Winternacht«)
Klimax	Steigerung *Häufige Anwendung in der Werbung.*	• Sie kam, sah und siegte. • Gut, besser, am besten Mac. • »Er sei mein Freund, mein Engel, mein Gott.« (Schiller: »Die Räuber«)
Ellipse	Auslassung von Wörtern und Satzteilen *Häufige Anwendung in Alltagsgesprächen.*	• Vielleicht morgen. • Je mehr, desto besser. • Was? – Schon leer? • Heute schon gelebt?
Diminutiv	Verkleinerungsform *Häufige Anwendung in Märchen und in der Kindersprache.*	• Kindlein/Kindchen (statt Kind) • Röcklein/Röckchen (statt Rock) • Fräulein (statt Frau) • Hänschen (statt Hans)
Rhetorische Frage	Scheinfrage, unechte Frage *Häufige Anwendung in Reden und Diskussionen.*	• Sollte uns das nicht zu denken geben? • Wer kann da schon nein sagen? • Was heißt schon »reich«? • Wie viele Menschen müssen denn noch sterben?

ÜBUNGS TEXTE

Übungstexte

Titel	Textsorte	Niveau	Seite
Lesen formt das Gehirn	Sachtext	●●	30
Ein netter Kerl	Literatur	●●	32
Lieber aufgeregt als abgeklärt	Sachtext	●●●	34
Regen im Klassenzimmer	Sachtext	●	36
Tauben im Gras	Literatur	●●●	38
Schlechter als Affen	Sachtext	●	40
Das Lamm und der Wolf Der Wolf und das Schaf Wolf und Lamm	Literatur	●●	42
Unterm Rad	Literatur	●●●	44
Kleider teilen statt wegwerfen	Sachtext	●●	46
Motivation: Die Zwei-Faktoren-Theorie nach Herzberg	Sachtext	●	48
Nach der Landung	Literatur	●●●	50
Der Fremde	Literatur	●●	52
Irgendwann werden wir uns alles erzählen	Literatur	●●	54
Gender: Weder Mann noch Frau	Sachtext	●	56
Vollbeschäftigung	Sachtext	●	58
Finden Sie heraus, was Sie lieben	Sachtext	●●	60
Erregendes Leben	Literatur	●●●	62
Der neue BMW X5	Sachtext	●●	64
Wer kein Deutsch spricht, hat keine Stimme	Sachtext	●●●	66
Die Schädlinge Auswirkungen von Korruption	Sachtext	●●●	68
Pädagoge Schnüriger	Literatur	●	70
Geht vor die Tür!	Sachtext	●●	72
Die drei Söhne	Literatur	●	74
Frühling Entfremdung	Literatur	●●●	76
Duftende Marken	Sachtext	●	78
Homo faber	Literatur	●●	80
Nächsten Sommer	Literatur	●●	82
Mutmaßliche Graffiti-Sprayer vorläufig festgenommen Fahndung nach tatverdächtigen Graffiti-Sprayern	Sachtext	●	84
Die Mittagsfrau	Literatur	●●	86
Der Europäische Landbote	Literatur	●●●	88

Niveau: ● = einfach
●● = mittel
●●● = anspruchsvoll

1	Sachtext	Niveau: ●●	Datum:	Erreichte Punkte: von 24

Zeilen

Lesen formt das Gehirn

1 Für die Forschung ist Lesen und Schreiben ein faszinierendes Phänomen. Denn die ersten Schriftsysteme
2 haben sich erst vor weniger als 6000 Jahren entwickelt – ein Wimpernschlag in Relation zur menschlichen
3 Evolution. Eine zentrale Frage lautet daher, wie das menschliche Gehirn trotzdem diese komplexe Aufga-
4 be bewältigen kann. Aktuell befassen sich Wissenschaftler beispielsweise mit den Unterschieden zwischen
5 geübten Lesern und Analphabeten – und was daraus für Menschen mit Leseschwäche folgt – sowie mit den
6 Auswirkungen mangelnder Lese- und Schreibkenntnisse für die Demokratie weltweit.
7 Lesen und Schreiben sind alltäglich für uns. Wir machen uns kaum Gedanken, wenn wir zum Stift greifen, um
8 etwas zu notieren oder zum Smartphone, um eine Nachricht zu lesen oder zu beantworten. Dabei sind Lesen
9 und Schreiben erstaunlich komplexe Fähigkeiten, denn das Gehirn muss beim Lesen und Schreiben zahlreiche
10 Wahrnehmungs- und Denkfunktionen genau abstimmen. Dazu gehören etwa grundlegende visuelle Fähigkei-
11 ten, die phonologische Wahrnehmung, Langzeit- und Arbeitsgedächtnis und vieles mehr. Aus diesem Grund
12 müssen wir jahrelang trainieren, bis sich Lesen und Schreiben so tief einprägt, dass wir beides mühelos beherr-
13 schen. Dadurch ändern sich wiederum auch Struktur und Funktion des menschlichen Gehirns. [...]
14 Der Vergleich zwischen Analphabeten und erwachsenen Lesern zeigt immer wieder, wie sehr Lesenlernen
15 unser Gehirn verändert. So haben Menschen, die nicht oder kaum lesen können, nicht nur größere Schwie-
16 rigkeiten, Buchstabenfolgen zu analysieren, sondern auch Bildstrecken aufzugliedern. Zu diesem Ergebnis
17 kommt eine Studie spanischer und französischer Forscher. Wie eine weitere Untersuchung in Portugal ergab,
18 fällt es Analphabeten außerdem schwerer, zu unterscheiden, wie ein Objekt ausgerichtet ist – etwa ein
19 Hammer, der diagonal liegend abgebildet ist und dessen Kopf und Stiel in verschiedene Richtungen weisen
20 können.
21 Welche Nachteile Menschen in Kauf nehmen müssen, die nie die Chance hatten, lesen und schreiben zu
22 lernen, kann man als geübter Leser nur erahnen. Ein Bereich, der bisher kaum beachtet wurde, sind Kogni-
23 tionstests, mit denen Ärzte ältere Menschen auf eine beginnende Demenz hin untersuchen. Die griechische
24 Forscherin Mary H. Kosmidis weist darauf hin, dass diese Tests auf Menschen zugeschnitten sind, die alpha-
25 betisiert sind. Die darin abgefragten Fähigkeiten werden oft durch Lesen und Schreiben trainiert, weswegen
26 die Ergebnisse für Analphabeten entsprechend verzerrt sein dürften. Gerade unter der älteren Bevölkerung
27 in Europa gibt es noch einige, die de facto nicht lesen und schreiben können.
28 Weltweit sind nach Angaben der UNESCO nach wie vor 15 Prozent der Menschen Analphabeten. Das schränkt
29 nicht nur sie selbst ein, sondern die Menschheit als Ganzes, wie José Morais von der Universität Brüssel darlegt.
30 Er argumentiert, dass Alphabetisierung nicht endet, wenn Kinder und Jugendliche Lesen gelernt haben, son-
31 dern dass das dauerhafte und tiefgehende Auswirkungen auf ihr Denken und Wissen hat. Die Fähigkeit zum
32 Lesen und Schreiben ist die Voraussetzung für die Analyse von komplexen Problemen und für einen Strom von
33 Ideen und kritischem Denken. Sie ermöglicht eine sachlich fundierte öffentliche Debatte und eine sinnvolle kol-
34 lektive Entscheidungsfindung. Je besser Individuen im Lesen geschult sind, umso besser können sie öffentliche
35 Angelegenheiten kontrollieren und zu einer wirklich demokratischen Regierung beitragen.

Kontext, Hintergrund, Wortschatz

Der Text stammt von der Website der Max-Planck-Gesellschaft. Das Max-Planck-Institut für Psycholinguistik befasst sich u. a. mit der Frage, welche Fähigkeiten im Gehirn sich mit dem Lesenlernen verändern.
Die Max-Planck-Gesellschaft ist eine der führenden Organisationen für Grundlagenforschung in Europa.

phonologisch (Z. 11): lautlich, die Laute betreffend
Kognitionstests (Z. 22): Tests zur Überprüfung der geistigen Fähigkeiten wie Lesen, Rechnen, Erinnern u. a.
Demenz (Z. 23): Krankheit, die das Denkvermögen einschränkt
UNESCO (Z. 28): englisch United Nations Educational, Scientific and Cultural Organization; deutsch Organisation der Vereinten Nationen (UNO) für Erziehung, Wissenschaft und Kultur, gegründet 1945, Sitz in Paris

Aufgaben und Fragen

Aufgaben/Fragen	Lösungen/Antworten	Pt.
1. Finden Sie mindestens ein Wort mit gleicher oder ähnlicher Bedeutung (Synonym). Schreiben Sie es so, dass es genau in den Text passt.	komplexe – Z. 3 Struktur – Z. 13 Funktion – Z. 13 verzerrt – Z. 26 de facto – Z. 27	5
2. Wie ist der Text aufgebaut? Ordnen Sie die fünf passenden Zwischentitel zu.	Zeilen: – Zwischentitel: 1–6 7–13 14–20 21–27 28–35 Zwischentitel zur Auswahl: Negative Folgen für Analphabeten/Aktuelle Forschungsgebiete/Lesen als Basis der Demokratie/Lesen fördert Vorstellungskraft/Höchstleistung des Gehirns	5
3. Was steht im Text? Kreuzen Sie die korrekten Aussagen an.	☐ Lesen und Schreiben verändert unser Gehirn. ☐ Lesen und Schreiben läuft im Alltag meist unbewusst ab. ☐ Wer nicht gut lesen kann, kann dafür besser Bilder analysieren. ☐ Analphabeten erkranken häufiger an Demenz. ☐ Rund ein Drittel der Menschen kann nicht lesen und schreiben. ☐ Analphabetismus schadet der Gesellschaft. ☐ Die Alphabetisierung fördert das kritische Denken.	4
4. Weshalb dauert es so lange, bis wir gut lesen und schreiben können? Antworten Sie in einem Satz.	…………………… …………………… ……………………	2
5. Was ist gemeint mit den unterstrichenen Textpassagen? Erklären Sie in eigenen Worten.	Zeilen 1–3: Denn die ersten Schriftsysteme haben sich erst vor weniger als 6000 Jahren entwickelt – ein Wimpernschlag in Relation zur menschlichen Evolution. Erklärung: …………………… Zeilen 33–34: Sie ermöglicht eine sachlich fundierte öffentliche Debatte und eine sinnvolle kollektive Entscheidungsfindung. Erklärung: ……………………	4
6. Lesen Sie nochmals die Zeilen 28–34 durch. Erklären Sie, worauf sich die unterstrichenen Pronomen beziehen.	Das (Z. 28/29) schränkt nicht nur sie selbst ein, […]/sondern dass das (Z. 30/31) dauerhafte und tiefgehende Auswirkungen auf ihr (Z. 31) Denken und Wissen hat. […]/Sie (Z. 33) ermöglicht eine sachlich fundierte … Das (Z.28/29) bezieht sich auf: …………………… das (Z. 30/31) bezieht sich auf: …………………… ihr (Z. 31) bezieht sich auf: …………………… Sie (Z. 33) bezieht sich auf: ……………………	4

2	Literatur	Niveau: ●●	Datum:	Erreichte Punkte: von 25

Zeilen	
	Ein netter Kerl
1	Ich habe ja so wahnsinnig gelacht, rief Nanni in einer Atempause. Genau wie du ihn beschrieben hast,
2	entsetzlich. Furchtbar fett für sein Alter, sagte die Mutter. Er sollte vielleicht Diät essen. Übrigens, Rita,
3	weißt du, ob er ganz gesund ist?
4	Rita setzte sich gerade und hielt sich mit den Händen an der Unterseite des Sitzes fest. Sie sagte: Ach, ich
5	glaub schon, daß er gesund ist. Genau wie du es erzählt hast, weich wie ein Molch, wie Schlamm, rief Nanni.
6	Und auch die Hand, so weich. Aber er hat dann doch auch wieder was Liebes, sagte Milene, doch, Rita, ich
7	finde, er hat was Liebes, wirklich. Na ja, sagte die Mutter, beschämt fing auch sie wieder an zu lachen; recht
8	lieb, aber doch gräßlich komisch. Du hast nicht zu viel versprochen, Rita, wahrhaftig nicht. Jetzt lachte sie
9	laut heraus. Auch hinten im Nacken hat er schon Wammen, wie ein alter Mann, rief Nanni. Er ist ja so fett,
10	so weich, so weich! Sie schnaubte aus der kurzen Nase, ihr kleines Gesicht sah verquollen aus vom Lachen.
11	Rita hielt sich am Sitz fest. Sie drückte die Fingerkuppen fest ans Holz.
12	Er hat so was Insichruhendes, sagte Milene. Ich find ihn so ganz nett, Rita, wirklich, komischerweise.
13	Nanni stieß einen winzigen Schrei aus und warf die Hände auf den Tisch; die Messer und Gabeln auf den
14	Tellern klirrten.
15	Ich auch, wirklich, ich find ihn auch nett, rief sie. Könnt ihn immer ansehn und mich ekeln.
16	Der Vater kam zurück, schloß die Eßzimmertür, brachte kühle nasse Luft mit herein. Er war ja so ängstlich,
17	daß er seine letzte Bahn noch kriegt, sagte er. So was von ängstlich.
18	Er lebt mit seiner Mutter zusammen, sagte Rita.
19	Sie platzten alle heraus, jetzt auch Milene. Das Holz unter Ritas Fingerkuppen wurde klebrig. Sie sagte: Seine
20	Mutter ist nicht ganz gesund, so viel ich weiß.
21	Das Lachen schwoll an, türmte sich vor ihr auf, wartete und stürzte sich dann herab, es spülte über sie weg
22	und verbarg sie: lang genug für einen kleinen schwachen Frieden. Als erste brachte die Mutter es fertig, sich
23	wieder zu fassen.
24	Nun aber Schluß, sagte sie, ihre Stimme zitterte, sie wischte mit einem Taschentuchklümpchen über die
25	Augen und die Lippen. Wir können ja endlich mal von was anderem reden.
26	Ach, sagte Nanni, sie seufzte und rieb sich den kleinen Bauch, ach ich bin erledigt, du liebe Zeit. Wann
27	kommt die große fette Qualle denn wieder, sag Rita, wann denn? Sie warteten alle ab.
28	Er kommt von jetzt an oft, sagte Rita. Sie hielt den Kopf aufrecht.
29	Ich habe mich verlobt mit ihm.
30	Am Tisch bewegte sich keiner. Rita lachte versuchsweise und dann konnte sie es mit großer Anstrengung
31	lauter als die anderen, und sie rief: Stellt euch das doch bloß mal vor: mit ihm verlobt! Ist das nicht zum
32	Lachen!
33	Sie saßen gesittet und ernst und bewegten vorsichtig Messer und Gabeln.
34	He, Nanni, bist du mir denn nicht dankbar, mit der Qualle hab ich mich verlobt, stell dir das doch mal vor!
35	Er ist ja ein netter Kerl, sagte der Vater. Also höflich ist er, das muß man ihm lassen.
36	Ich könnte mir denken, sagte die Mutter ernst, daß er menschlich angenehm ist, ich meine, als Hausgenosse
37	oder so, als Familienmitglied.
38	Er hat keinen üblen Eindruck auf mich gemacht, sagte der Vater.
39	Rita sah sie alle behutsam dasitzen, sie sah gezähmte Lippen. Die roten Flecken in den Gesichtern blieben
40	noch eine Weile. Sie senkten die Köpfe und aßen den Nachtisch.

Kontext, Hintergrund, Wortschatz

Kurzgeschichte von Gabriele Wohmann, deutsche Schriftstellerin, 1932–2015. Die Geschichte stammt aus dem Jahr 1978.	Molch (Z. 5): Amphibienart, lebt zum Teil im Wasser Wammen (Z. 9): Fettfalten, meisten an Hals und Bauch. Ein dicker Bauch wird auch als Wampe bezeichnet.

Aufgaben und Fragen

Aufgaben/Fragen	Lösungen/Antworten	Pt.
1. Finden Sie mindestens ein Wort mit gleicher oder ähnlicher Bedeutung (Synonym). Schreiben Sie es so, dass es genau in den Text passt.	beschämt – Z. 7 verquollen – Z. 10 schwoll an – Z. 21 verbarg sie – Z. 22 gesittet – Z. 33 behutsam – Z. 39	6
2. Setzen Sie die anderen Figuren ins Feld rechts ein.	Rita ihr Freund ⟷	2 (je ½)
3. Was passiert wann? Ordnen Sie in der rechten Spalte die Ereignisse mit 1. bis 8.	Die Familie lästert über Ritas Freund. Die Familienmitglieder schweigen betreten. Der Freund ist bei Ritas Familie zu Besuch. Der Vater bringt den Freund zum Bahnhof. Rita sagt, dass sie sich verlobt hat. Der Vater kommt zurück. Rita erzählt ihrer Familie über ihren Freund. Die Mutter versucht, die Situation zu beruhigen.	4 (je ½)
4. Aufbau der Kurzgeschichte: Geben Sie die genauen Zeilen an.	Spannungsaufbau: Zeilen .... Wendepunkt: Zeilen .... Schlussteil: Zeilen	3
5. Beschreiben Sie das Verhalten und die Gefühlslage der Familie mit je drei passenden Begriffen.	Ihr Verhalten vor Ritas Hinweis auf die Verlobung: .... Ihre Gefühlslage danach:	3 (je ½)
6. Welche Kernaussage passt am besten zur Geschichte?	☐ Dicke Menschen werden oftmals ausgelacht. ☐ Wir sollten Menschen nicht aufgrund von Äußerlichkeiten beurteilen. ☐ In Familien gibt es oft Streit, weil man einander nicht richtig zuhört. ☐ Wer sich verlobt, sollte seine Familie gut darauf vorbereiten.	1
7. Beschreiben Sie mit je drei Stichwörtern Ritas nonverbales Verhalten vor und nach dem Wendepunkt. Nennen Sie die entsprechenden Textstellen	Verhalten vor dem Wendepunkt: .... — Textstellen, Zeilen: .... Verhalten nach dem Wendepunkt: .... — Textstellen, Zeilen:	6 (je ½)

Zeilen	
	Lieber aufgeregt als abgeklärt
1	Warum wirkt der (West-)Deutsche arrogant? Denn nicht nur wir Österreicher sind davon zutiefst
2	überzeugt, sondern die Schweizer und die Ossis ebenso. Ich glaube, er ist bloß auf eine
3	hocheffiziente, aber beängstigende Weise schnörkellos. Er spricht nicht in Mäandern, Ellipsen
4	oder Gewölk, sondern er lernt schon in der Schule, sich so kurz und prägnant wie möglich zu
5	halten. Er tastet sich nicht heran, er schlägt sich durch. Deshalb neigt er auch übermäßig der
6	Floskel zu. Gerhard Schröder zum Beispiel regierte im Grunde mit drei Sätzen: »Ich will hier rein!«,
7	»Das ist Fakt!«, »Und damit basta!«.
8	Dagegen fällt es uns Österreichern seit jeher schwer, zum Punkt zu kommen. Wir scheuen die
9	Eindeutigkeit wie die Motten das Licht. Wir verirren uns tief in höflichen Nebensatzgestrüppen.
10	Als mir letztens im Stiegenhaus, das hier Treppenhaus heißt, ein Klaviertransport entgegenkam,
11	rief der vordere Träger: »Zur Seite, Frau!« In Wien wäre das wohl mindestens ein »Gnädigste,
12	wenn Sie höflichst gestatten« gewesen, egal, wie verschwitzt und außer Atem der Sprecher
13	gewesen wäre.
14	»Ja und nein«, begleitet von einem bedächtigen Hin- und Herwiegen des Kopfes, ist unsere Lieb-
15	lingsantwort. Wenn es sich irgendwie vermeiden lässt, wollen wir uns nicht festlegen. Wir wollen
16	niemanden kränken, wir wollen »ja nichts gesagt haben, aber …«. Die sprachliche Mehrdeutig-
17	keit vor allem des hinterfotzigen Wieners ist sprichwörtlich. Im Blödeln und Witzeln, im Kalauern
18	und dialektischen Relativieren sind wir Weltmeister, und wenn wir damit anfangen, schaut der
19	Deutsche verständnislos aus der Wäsche. Wahrscheinlich bringen wir deshalb unverhältnismäßig
20	viele gute Schriftsteller hervor.
21	Diese sprachlichen Unterschiede sind natürlich Abbild des Charakters. Und solange keine extremen
22	politischen Bedingungen herrschen, gereichen ihre Eigenschaften den Deutschen eher zum
23	Vorteil. Sie sind ein halbwegs transparentes Volk. Sie fragen, wenn sie etwas wissen wollen, sie
24	sagen, was sie denken, und sie nehmen keine übertriebenen Rücksichten darauf, wie das beim
25	anderen ankommen könnte. Eben weil es der andere gewöhnt ist und diese Direktheit keineswegs
26	übelnimmt – so er kein Österreicher, Schweizer oder Ossi ist. Wahrscheinlich fällt es mir deshalb
27	inzwischen leichter, in Deutschland zu leben als in Österreich. Das, was man sieht und hört, ist
28	meistens das, was ist. Keine Hintergedanken, keine versteckte Bedeutung, keine Codes und viel
29	weniger zur Schau getragene Neurosen. Jedenfalls grosso modo.

Kontext, Hintergrund, Wortschatz

Der Textausschnitt stammt aus dem Buch »Lieber aufgeregt als abgeklärt« der österreichischen Schriftstellerin Eva Menasse, geb. 1970 in Wien. Sie lebt seit 2003 in Berlin.

Mäandern (Z. 3): Flussschlingen, hier im Sinne von ausweichenden, verschlungenen Aussagen

Ellipsen (Z. 3): Nicht vollständige Sätze wie z. B. »Ja, finde ich auch nicht schlecht.«

Gerhard Schröder (Z. 6): Deutscher Bundeskanzler von 1998 bis 2005, SPD.

Neurosen (Z. 29): Marotte, Tick, Allüre

grosso modo (Z. 29): ital. im Großen und Ganzen

Aufgaben und Fragen

Aufgaben/Fragen	Lösungen/Antworten	Pt.
1. Finden Sie mindestens ein Wort mit gleicher oder ähnlicher Bedeutung (Synonym). Schreiben Sie es so, dass es genau in den Text passt.	zutiefst – Z. 1 die Ossis – Z. 2 schnörkellos – Z. 3 Floskel – Z. 6 letztens – Z. 10 halbwegs – Z. 23	6
2. Was ist das Thema?	....	2
3. Welche Aussagen stimmen?	☐ Die Autorin kritisiert die arrogante Sprache der Westdeutschen. ☐ Sie lobt die Sprechweise der Schweizer und der Ostdeutschen. ☐ Sie sieht einen Zusammenhang zwischen Sprache und Charakter. ☐ Sie kann mit der Direktheit der Westdeutschen gut umgehen.	2
4. Ordnen Sie die Begriffe zu. Zwei passen nicht. Welche? Begriffe: direkt, leise, höflich, umständlich, langsam, kurz, unverbindlich, klar, rücksichtslos, offen	Sprechweise der Westdeutschen: | Sprechweise der Österreicher: Begriffe, die nicht passen:	5
5. Was meint die Autorin? Erklären Sie die unterstrichenen Textteile, indem Sie begriffsähnliche Wörter einsetzen.	Zeilen 16–18: Die sprachliche Mehrdeutigkeit vor allem des <u>hinterfotzigen</u> Wieners ist <u>sprichwörtlich</u>. Im Blödeln und Witzeln, <u>im Kalauern</u> und <u>dialektischen Relativieren</u> sind wir Weltmeister … Die sprachliche Mehrdeutigkeit vor allem des ...... Wieners ist .... Im Blödeln und Witzeln, im ...... und ...... sind wir Weltmeister …	4
6. An verschiedenen Stellen relativiert die Autorin ihre Aussagen. Zitieren Sie drei weitere Textstellen mit Zeilenangabe.	Relativierung 1: In Wien wäre das wohl mindestens … (Z. 11) Relativierung 2: ...... Relativierung 3: ...... Relativierung 4:	3
7. Die Autorin verwendet verschiedene Sprachbilder und Vergleiche. Erklären Sie diese stichwortartig.	Z. 4: … oder Gewölk … Z. 5: … er schlägt sich durch. Z. 9: … Nebensatzgestrüppen. Z. 18: … sind wir Weltmeister …	4

4	Sachtext	Niveau: ●	Datum:	Erreichte Punkte: von 26

Zeilen	
	Regen im Klassenzimmer
1	**Die Abiturientin Vanessa Diener, 20, organisierte mit dem Schülerbündnis »Unsere Zukunft er-**
2	**kämpfen« einen Bildungsstreik an Kasseler Schulen. Hunderte Jugendliche, Eltern und Gewerk-**
3	**schafter demonstrierten in der Innenstadt gegen marode Schulgebäude, kaputte Möbel und**
4	**fehlende technische Ausstattung.**
5	»In Kasseler Schulen regnet es durch die Decke. Im Chemie- und Physikunterricht können wir keine Ver-
6	suche machen, weil die Apparaturen so kaputt sind, dass es für uns Schüler gefährlich werden könnte.
7	Kabel hängen aus den Wänden, im Unterricht behalten viele ihre Jacken an, weil es durch die undichten
8	Fenster pfeift. Es gibt Schränke ohne Türen, Toiletten ohne Klobrille. Bildungspolitiker sprechen gerne
9	von digitalisiertem Unterricht. Und bei uns gibt es nicht mal genügend Computer.
10	So geht das nicht weiter, haben wir uns gedacht. Wir, das sind rund 20 Schüler aus verschiedenen Schu-
11	len in Kassel. Weil es wenig bringt, wenn Einzelne sich beklagen, haben wir das Bündnis »Unsere Zukunft
12	erkämpfen« gegründet. Wir haben Informationsveranstaltungen organisiert und Unterschriften gesam-
13	melt. Doch passiert ist nichts. Irgendwann hatten wir die Idee mit der Demo. Wenn wir den Schulalltag
14	lahmlegen, kann uns niemand ignorieren, so der Gedanke. Im Vorfeld war jede Menge zu tun: die
15	Demo anmelden, Megafone und Musik organisieren. Und natürlich Plakate malen – sieben Stunden lang.
16	Am Montag, dem Tag der Demo, hatte ich Sorge, dass nur eine Handvoll Leute kommt und die ganze
17	Aktion im Sand verläuft. Es war bitterkalt, es hat geregnet. Aber davon hat sich kaum jemand abschre-
18	cken lassen – auch wenn jetzt einige erkältet sind. Sogar Fünftklässler waren da. Die waren begeistert,
19	als wir ihnen unsere Transparente gegeben haben, sie sind stolz vorn mitgelaufen. Die Polizei sagt, sie
20	hätte rund 350 Teilnehmer gezählt. Aber ich bin sicher, dass es deutlich mehr waren, bestimmt 700. Der
21	Rathausvorplatz war voller Menschen.
22	Nachmittags fand die Stadtverordnetenversammlung statt. Leider wird das Geld, das die Politiker für
23	Schulen ausgeben wollen, wieder nicht reichen, um die Mängel zu beseitigen. Wir hoffen trotzdem,
24	dass sich irgendwann etwas ändert. Ich werde davon aber nicht mehr profitieren, ich mache im Sommer
25	Abitur.«

Kontext, Hintergrund, Wortschatz

Der Text stammt aus dem Nachrichtenmagazin »Der Spiegel«. Aufgezeichnet von Miriam Olbrisch.	Kasseler Schulen (Z. 2): Schulen in der Stadt Kassel, Stadt in Hessen, circa 200 000 Einwohnerinnen und Einwohner Stadtverordnetenversammlung (Z. 22): Parlament der Stadt mit Mitgliedern aus verschiedenen Parteien.

Aufgaben und Fragen

<table>
<tr><th>Aufgaben/Fragen</th><th>Lösungen/Antworten</th><th>Pt.</th></tr>
<tr><td>1. Finden Sie mindestens ein Wort mit gleicher oder ähnlicher Bedeutung (Synonym). Schreiben Sie es so, dass es genau in den Text passt.</td><td>

marode	Z. 3	
sich beklagen	Z. 11	
lahmlegen	Z. 14	
ignorieren	Z. 14	
nur eine Handvoll	Z. 16	
im Sand verläuft	Z. 17	

</td><td>6</td></tr>
<tr><td>2. Was ist das Thema?</td><td>☐ Schülerinnen und Schüler wollen besseren Unterricht
☐ Schülerdemo für mehr Geld für die Schulen
☐ Jugendstreik gegen korrupte Politikerinnen und Politiker</td><td>1</td></tr>
<tr><td>3. Was erfährt man über Vanessa Diener? Antworten Sie in Stichwörtern.</td><td>..........
....
....
..........</td><td>4</td></tr>
<tr><td>4. Welche vier Beschreibungen passen auf Vanessa Diener? Kreuzen Sie an.</td><td>☐ zielstrebig ☐ selbstbewusst ☐ rebellisch
☐ egoistisch ☐ engagiert ☐ angepasst
☐ frech ☐ unpolitisch ☐ willensstark</td><td>2
(je ½)</td></tr>
<tr><td>5. Nennen Sie drei zusätzliche Mängel der Schulgebäude und deren Folgen.</td><td>

Mangel:	Folge:
defekte Decken	Regen in den Klassenzimmern

</td><td>6</td></tr>
<tr><td>6. Was passierte wann? Setzen Sie die Ereignisse mit 1. bis 4. in die richtige Reihenfolge.</td><td>Sitzung der Stadtverordnetenversammlung .... Ereignis
Gründung des Bündnisses »Unsere Zukunft erkämpfen« .... Ereignis
Demonstration auf dem Rathausvorplatz .... Ereignis
Unterschriftensammlung .... Ereignis</td><td>2
(je ½)</td></tr>
<tr><td>7. Hat die Demo das Ziel erreicht? Begründen Sie Ihre Antwort.</td><td>☐ Ja. Begründung: ....
....
☐ Nein. Begründung: ....
..........</td><td>3</td></tr>
<tr><td>8. Weshalb steht der Text ab Zeile 5 in Anführungs- und Schlusszeichen?</td><td>..........
....
....
..........</td><td>2</td></tr>
</table>

5	Literatur	Niveau: ●●●	Datum:	Erreichte Punkte: von 26

Zeilen	
	Tauben im Gras
1	Was brachten einem die Amerikaner? Es war schimpflich, daß Carla sich mit einem Neger ver-
2	bunden hatte; es war fürchterlich, daß sie von einem Neger geschwängert war; es war ein
3	Verbrechen, daß sie das Kind in sich töten wollte. Frau Behrend weigerte sich, weiter darüber
4	nachzudenken. Das Schreckliche konnte man nicht aussprechen. Wenn etwas geschah, was nicht
5	geschehen durfte, mußte man schweigen. Hier war nicht Liebe, hier waren Abgründe. Das war
6	nicht das Liebeslied, wie es Frau Behrend im Radio hörte, das war nicht der Film, den sie gerne
7	sah, hier ging es nicht um die Leidenschaft eines Grafen oder eines Chefingenieurs wie in den
8	Romanheften, die so erhebend zu lesen waren. Hier gähnten nur Abgründe, Verlorensein und
9	Schande. ›Wenn sie nur schon in Amerika wäre‹, dachte Frau Behrend, ›Amerika soll zusehen,
10	wie es mit der Schande fertig wird, wir haben hier keine Neger, aber Carla wird nie nach Ame-
11	rika fahren, sie wird mit ihrem schwarzen Bankert hierbleiben, sie wird mit dem schwarzen Kind
12	auf dem Arm in dieses Café kommen.‹ – ›Ich will nicht‹, dachte Carla, ›woher weiß sie es? hat
13	der Fischkopf Seheraugen? ich wollte es ihr sagen aber ich habe es ihr nicht gesagt, ich kann ihr
14	garnichts sagen.‹ – ›Ich weiß alles‹, dachte Frau Behrend, ›ich weiß, was du mir sagen willst, du
15	bist 'reingefallen, du willst was Schlechtes tun, du willst Rat wo ich nicht raten kann, tu nur das
16	Schlechte, lauf zum Arzt, es bleibt dir garnichts anderes übrig, als das Schlechte zu tun, ich will
17	dich hier nicht mit dem Negerkind‹ –
18	[…]
19	Frau Behrend schwieg, schwieg beharrlich, beleidigt und flunderhäuptig, und Carla erriet weiter
20	ihre Gedanken. Es waren Gedanken, die Carla erraten und begreifen konnte, ihr eigenes Denken
21	bewegte sich nicht fern von den Mutter-Gedanken, vielleicht war es Schande, war es Verbrechen,
22	was sie tat und tun wollte, Carla hielt nichts von ihrem Leben, sie hätte ihr Leben gerne verleug-
23	net, sie litt es, sie führte es nicht, sie glaubte, sich entschuldigen zu müssen, und sie meinte die
24	Entschuldigung der Zeit für sich zu haben, die Entschuldigung der unordentlich gewordenen Zeit,
25	die Verbrechen und Schande gebracht hatte und ihre Kinder verbrecherisch und schändlich mach-
26	te. Carla war keine Rebellin. Sie glaubte. An Gott? An die Konvention. Wo war Gott? Gott hätte
27	vielleicht den schwarzen Bräutigam gebilligt. Ein Gott für alle Tage. Gott war aber schon bei ihrer
28	Mutter nur ein Feiertagsgott gewesen. Carla war nicht zu Gott geführt worden. Man hatte sie bei
29	der Kommunion nur bis zu seinem Tisch gebracht.

Kontext, Hintergrund, Wortschatz

Der Textausschnitt stammt aus dem Buch »Tauben im Gras« des deutschen Schriftstellers Wolfgang Koeppen, 1906–1996. Der Roman schildert die Vorgänge eines einzigen Tages in München um das Jahr 1951. Die Stadt gehörte damals zur amerikanischen Besatzungszone.	Neger (Z. 1): Bezeichnung für Menschen mit dunkler Hautfarbe, gilt heute als diskriminierend. Bankert (Z. 11): veraltetes Schimpfwort für ein uneheliches Kind flunderhäuptig (Z. 19): Vergleich mit dem Kopf einer Flunder, Plattfisch: ovaler, flacher Körper, relativ kleines Maul

Aufgaben und Fragen

Aufgaben/Fragen	Lösungen/Antworten	Pt.
1. Finden Sie mindestens ein Wort mit gleicher oder ähnlicher Bedeutung (Synonym). Schreiben Sie es so, dass es genau in den Text passt.	schimpflich – Z. 1 erhebend – Z. 8 beharrlich – Z. 19 Rebellin – Z. 26 An die Konvention – Z. 26 gebilligt – Z. 27	6
2. Beantworten Sie stichwortartig die vier Fragen.	Zeit und Ort: Wann und wo spielt die Geschichte? Personen: Welches sind die beiden Protagonisten? Wo befindet sich Frau Behrend? Was ist das Thema?	4
3. Erzählstruktur. Nennen Sie die passenden Zeilen.	Gedanken der Mutter Zeilen: .... Gedanken der Tochter Zeilen: .... Bericht der Erzählinstanz Zeilen:	3
4. Beurteilen Sie folgende Aussagen mit: A = stimmt B = stimmt nicht C = kann aus dem Text heraus nicht beantwortet werden	Die Mutter rät der Tochter, das Kind abzutreiben. Tochter und Mutter diskutieren über eine Abtreibung. Der Vater des Kindes ist gegen eine Abtreibung. Die Mutter möchte ihre Tochter am liebsten weghaben. Die Tochter möchte nach Amerika auswandern. Die Mutter tröstet sich mit Romangeschichten.	6
5. Worin zeigt sich die Doppelmoral der Mutter? Antworten Sie in einem ganzen Satz und nennen Sie die Zeilen, auf die Sie sich beziehen.	....	3
6. Interpretieren Sie folgende Textpassagen. Berücksichtigen Sie dabei den zeitlichen Kontext, also die Nachkriegszeit.	Das Schreckliche konnte man nicht aussprechen. Wenn etwas geschah, was nicht geschehen durfte, mußte man schweigen. (Z. 4/5) .... Carla hielt nichts von ihrem Leben, sie hätte ihr Leben gerne verleugnet, sie litt es, sie führte es nicht … (Z. 22/23)	4

6	Sachtext	Niveau: ●	Datum:	Erreichte Punkte: von 26

Zeilen

Schlechter als Affen

1 **Der schwedische Forscher Ola Rosling, 42, kämpft mit verblüffenden Fakten gegen die mensch-**
2 **liche Sucht nach Schwarzmalerei.**

3 **Spiegel:** Herr Rosling, Sie wollen mit harten Daten beweisen, dass die Welt besser ist, als wir denken.
4 Geben Sie uns ein Beispiel.
5 **Rosling:** Nehmen wir die Todesopfer von Naturkatastrophen im Lauf der vergangenen hundert Jahre.
6 Was meinen Sie, hat sich die Zahl mehr als verdoppelt? Ist sie unverändert hoch? Oder hat sie sich mehr
7 als halbiert? Die letzte Antwort ist richtig. Aber von rund 12 000 Befragten in 14 Ländern haben im
8 Schnitt nur zehn Prozent diese Antwort gewählt, in Deutschland waren es sechs Prozent.
9 **Spiegel:** Woher kommt diese Fehleinschätzung?
10 **Rosling:** Wir sind überzeugt, Mutter Natur schlage immer stärker zurück, sie räche sich an uns. Ein
11 stimmiges Bild, aber es ist falsch. Natürlich gibt es gelegentlich ein Jahr mit sehr hohen Opferzahlen.
12 Aber wenn wir ganze Jahrzehnte vergleichen, sehen wir einen klaren Trend. In den Dreißigern wurden
13 im Schnitt 971 000 Tote pro Jahr gezählt. Im laufenden Jahrzehnt, 2000 bis 2016, sank der Mittelwert
14 auf jährlich 72 000 Todesopfer. […] Noch ein Beispiel?
15 **Spiegel:** Bitte.
16 **Rosling:** Wir zählen derzeit etwa zwei Milliarden Kinder im Alter von bis zu 15 Jahren. Wie viele Kinder
17 werden es nach UNO-Berechnungen zum Ende dieses Jahrhunderts sein? Vier Milliarden? Drei? Oder
18 immer noch zwei? Wieder trifft die dritte Antwort zu. In Deutschland entschieden sich dafür nur neun Prozent
19 der Befragten, in anderen Ländern war es kaum besser.
20 **Spiegel:** Wie viele Menschen kommen überhaupt auf die richtige Lösung?
21 **Rosling:** Im Schnitt etwa zehn Prozent.
22 **Spiegel:** Also wären die Befragten, bei nur drei möglichen Antworten, besser gefahren, wenn sie einfach
23 geraten hätten.
24 **Rosling:** Stimmt. Wenn Sie die Wahl einem Schimpansen überlassen, wird er immerhin ein Drittel der
25 richtigen Antworten treffen.
26 **Spiegel:** Hauen gebildete Menschen weniger daneben?
27 **Rosling:** Leider nicht. Bildung allein garantiert keine faktenbasierte Weltsicht, im Gegenteil. Wer sich
28 eingehend mit den globalen Problemen beschäftigt, der hält sie irgendwann für allgegenwärtig. Der
29 Kopf ist einfach voll davon. Deshalb unterliegen auch Fachleute dieser Verzerrung. […] Sogar [diese]
30 schnitten schlechter ab als Affen. […]
31 **Spiegel:** Woher kommt diese hartnäckige pessimistische Verzerrung?
32 **Rosling:** […] Die Menschen haben einfach grundlegend falsche Vorstellungen von der Welt, sie folgen
33 einer instinktiven Neigung zum Dramatisieren. Ich denke, die Evolution hat uns damit ausgestattet. Stän-
34 dig in Sorge zu sein dürfte für unsere Urahnen ein Überlebensvorteil gewesen sein. Leider sind wir, wenn
35 es um unser Weltbild geht, noch heute fixiert aufs Negative, wir verlangen geradezu danach.
36 **Spiegel:** Was lässt sich dagegen tun?
37 **Rosling:** Wir brauchen eine neue Wissenskultur. Zunächst muss ich akzeptieren, dass ich diesen Filter im
38 Kopf habe. Die Irrtümer, zu denen er mich verleitet, sind aber doch faszinierend – sie zu korrigieren sollte
39 mir Spaß machen.

Kontext, Hintergrund, Wortschatz

Der Text stammt aus dem deutschen Nachrichtenmagazin »Der Spiegel«. Das Interview führte Manfred Dworschak.

Mittelwert (Z. 13): Durchschnitt

faktenbasierte Weltsicht (Z. 27): Weltsicht, die auf Tatsachen beruht, also eine sachliche, nüchterne Sicht der Dinge

Aufgaben und Fragen

Aufgaben/Fragen	Lösungen/Antworten	Pt.
1. Finden Sie mindestens ein Wort mit gleicher oder ähnlicher Bedeutung (Synonym). Schreiben Sie es so, dass es genau in den Text passt.	stimmiges – Z. 11 – … Trend – Z. 12 – … Hauen … daneben – Z. 26 – … eingehend – Z. 28 – … Verzerrung – Z. 29 – … instinktiven – Z. 33 – … zum Dramatisieren – Z. 33 – …	7
2. Um was für eine Textsorte handelt es sich? Nennen Sie zwei besondere Merkmale dieser Textsorte.	Textsorte: …… Besondere Merkmale: …… …… ……	3
3. Was ist das Thema?	…… …… ……	2
4. Wer gibt Auskunft?	Name: …… Beruf: …… Nationalität: ……	3
5. Kreuzen Sie die drei korrekten Aussagen an. Erklären Sie, was bei den falschen Aussagen korrekt wäre.	A) ☐ Von 1930 bis 1939 wurden pro Jahr durchschnittlich fast eine Million Menschen durch Naturkatastrophen getötet. B) ☐ Im Zeitraum 2000 bis 2016 gab es insgesamt über eine Million Tote durch Naturkatastrophen. C) ☐ 94 Prozent der befragten Deutschen denken, es gäbe heute weniger Tote durch Naturkatastrophen als früher. D) ☐ Nach UNO-Berechnungen gibt es Ende des 21. Jahrhunderts rund 4 Milliarden Kinder im Alter von bis zu 15 Jahren. E) ☐ Die Erfolgsquote wäre besser, wenn die Menschen bei solchen Befragungen einfach raten würden. F) ☐ Wer viel weiß, kommt in Befragungen zu besseren Ergebnissen. Buchstabe: – Korrekte Antwort: … – … … – … … – …	6
6. Worauf bezieht sich der Titel?	…… ……	2
7. Wie erklärt der befragte Forscher unseren starken Hang zum Pessimismus? Antworten Sie in kurzen Sätzen.	…… …… ……	3

7	Literatur	Niveau: ●●	Datum:	Erreichte Punkte: von 22

Zeilen	
	Das Lamm und der Wolf
1	Zum gleichen Bach kamen ein Wolf und ein Lamm, um dort zu trinken. Der Wolf stand oben
2	am Wasser, das Lamm ein Stück abwärts.
3	Der gierige Räuber suchte Streit: »Warum trübst du mir das Wasser, das ich trinken will?«
4	Das Lamm entgegnete zitternd: »Wie kann das sein? Das Wasser fließt doch von dir zu mir
5	herab.«
6	Der Wolf gab sich nicht zufrieden: »Vor einem halben Jahr hast du übel von mir geredet.«
7	»Da war ich noch nicht geboren«, sagte das Lamm.
8	»Dann ist es eben dein Vater gewesen!«, schrie der Wolf und ohne weiter nach Gründen zu
9	suchen, packte er das Lamm und fraß es auf.
	Der Wolf und das Schaf
10	Der Durst trieb ein Schaf an den Fluss; eine gleiche Ursache führte auf der anderen Seite einen
11	Wolf herzu. Durch die Trennung des Wassers gesichert und durch die Sicherheit höhnisch ge-
12	macht, rief das Schaf dem Räuber zu: »Ich mache dir doch das Wasser nicht trübe, Herr Wolf?
13	Siehe mich recht an. Habe ich dir nicht vor sechs Wochen nachgeschimpft? Wenigstens wird es
14	mein Vater gewesen sein.« – Der Wolf verstand die Spötterei. Er betrachtete die Breite des Flus-
15	ses und knirschte mit den Zähnen. »Es ist dein Glück«, antwortete er, »dass wir Wölfe gewohnt
16	sind, mit euch Schafen Geduld zu haben«, und ging mit stolzen Schritten weiter.
	Wolf und Lamm
17	Der Wolf kam zum Bach. Da entsprang das Lamm.
18	»Bleib nur, du störst mich nicht!«, rief der Wolf.
19	»Danke«, rief das Lamm zurück, »ich habe im Aesop gelesen.«

Kontext, Hintergrund, Wortschatz

Das Lamm und der Wolf
Nach Äsop, griechischer Dichter, vor rund 2500 Jahren

Der Wolf und das Schaf
Von Gotthold Ephraim Lessing, 1729–1781, deutscher Dichter der Aufklärungszeit

Wolf und Lamm
Von Helmut Arntzen, 1931–2014, deutscher Autor und Literaturwissenschaftler

Aufgaben und Fragen

Aufgaben/Fragen	Lösungen/Antworten	Pt.
1. Finden Sie mindestens ein Wort mit gleicher oder ähnlicher Bedeutung (Synonym). Schreiben Sie es so, dass es genau in den Text passt.	gierige – Z. 3 – … trübst – Z. 3 – … übel – Z. 6 – … Ursache – Z. 10 – … höhnisch – Z. 11 – … entsprang – Z. 17 – …	6
2. Um was für eine Textsorte handelt es sich bei den drei Texten?	Textsorte: ………………	1
3. Nennen Sie typische Merkmale dieser Textsorte.	Inhaltliche Merkmale: ……………… Formale und sprachliche Merkmale: ………………	4
4. Weshalb wurden und werden solche Texte geschrieben? Was ist die Schreibabsicht?	………………	2
5. Was ist die Hauptaussage? Wählen Sie aus den fünf Vorschlägen die passenden aus und ordnen Sie diese den drei Texten zu.	Der Stärkere biegt sich die Wahrheit zurecht und setzt seine Macht rücksichtslos durch. – Text Nr. …… Der Schwächere sollte sich niemals mit einem Stärkeren einlassen. – Text Nr. …… Mit Bildung kann man sich vor Machtübergriffen anderer schützen. – Text Nr. …… Wenn man die Mächtigen gut behandelt, können sie durchaus auch nett sein. – Text Nr. …… Wenn der Schwächere in Sicherheit ist, kann er den Stärkeren provozieren. – Text Nr. ……	3
6. Text Nr. 2: »Der Wolf und das Schaf«: Kreuzen Sie die zwei korrekten Aussagen an. Erklären Sie, was bei den falschen Aussagen korrekt wäre.	A) ☐ Das Schaf weiß, dass es vor dem Wolf sicher ist. B) ☐ Der Wolf greift das Schaf nicht an, weil er nicht schwimmen kann. C) ☐ Der Wolf lässt sich nicht provozieren und wartet auf eine bessere Gelegenheit. D) ☐ Der Wolf ist stolz darauf, dass er so geduldig ist. Buchstabe: – Korrekte Antwort:	4
7. Der zweite und der dritte Text beziehen sich auf den Äsop-Text. Wo wird dies deutlich? Zitieren Sie die Textstellen.	Zitat aus dem zweiten Text: ……………… Zitat aus dem dritten Text: ………………	2

8	Literatur	Niveau: ●●●	Datum:	Erreichte Punkte: von 27

Zeilen	
	Unterm Rad
1	Dem Rektor war es ein inniges Vergnügen gewesen, diesen von ihm geweckten, schönen Ehr-
2	geiz zu leiten und wachsen zu sehen. Man sage nicht, Schulmeister haben kein Herz und seien
3	verknöcherte und entseelte Pedanten! O nein, wenn ein Lehrer sieht, wie eines Kindes lange
4	erfolglos gereiztes Talent hervorbricht, wie ein Knabe Holzsäbel und Schleuder und Bogen und die
5	anderen kindischen Spielereien ablegt, wie er vorwärtszustreben beginnt, wie der Ernst der Arbeit
6	aus einem rauhen Pausback einen feinen, ernsten und fast asketischen Knaben macht, wie sein
7	Gesicht älter und geistiger, sein Blick tiefer und zielbewußter, seine Hand weißer und stiller wird,
8	dann lacht ihm die Seele vor Freude und Stolz. Seine Pflicht und sein ihm vom Staat überantwor-
9	teter Beruf ist es, in dem jungen Knaben die rohen Kräfte und Begierden der Natur zu bändigen
10	und auszurotten und an ihre Stelle stille, mäßige und staatlich anerkannte Ideale zu pflanzen. Wie
11	mancher, der jetzt ein zufriedener Bürger und strebsamer Beamter ist, wäre ohne diese Bemü-
12	hungen der Schule zu einem haltlos stürmenden Neuerer oder unfruchtbar sinnenden Träumer
13	geworden!
14	Es war etwas in ihm, etwas Wildes, Regelloses, Kulturloses, das mußte erst zerbrochen werden,
15	eine gefährliche Flamme, die mußte erst gelöscht und ausgetreten werden. Der Mensch, wie ihn
16	die Natur erschafft, ist etwas Unberechenbares, Undurchsichtiges, Gefährliches. Er ist ein von un-
17	bekanntem Berge herbrechender Strom und ist ein Urwald ohne Weg und Ordnung. Und wie ein
18	Urwald gelichtet und gereinigt und gewaltsam eingeschränkt werden muß, so muß die Schule den
19	natürlichen Menschen zerbrechen, besiegen und gewaltsam einschränken; ihre Aufgabe ist es, ihn
20	nach obrigkeitlicherseits gebilligten Grundsätzen zu einem nützlichen Gliede der Gesellschaft zu
21	machen und die Eigenschaften in ihm zu wecken, deren völlige Ausbildung alsdann die sorgfältige
22	Zucht der Kaserne krönend beendigt.
23	Wie schön hatte sich der kleine Giebenrath entwickelt! Das Strolchen und Spielen hatte er fast
24	von selber abgelegt, das dumme Lachen in den Lektionen kam bei ihm längst nimmer vor, auch
25	die Gärtnerei, das Kaninchenhalten und das leidige Angeln hat er sich abgewöhnen lassen.

Kontext, Hintergrund, Wortschatz

Der Textausschnitt stammt aus der Erzählung »Unterm Rad« von Hermann Hesse (1877–1962). Hesse hat die Erzählung 1903 im Alter von 26 Jahren geschrieben.

Der Junge Hans Giebenrath wird von seinem Vater, dem Pfarrer und seinen Lehrern zu übersteigertem schulischen Ehrgeiz getrieben und dadurch körperlich und seelisch überfordert. Die Erzählung endet damit, dass er in einem Fluss ertrunken aufgefunden wird. Offen bleibt, ob es ein Unfall oder Selbsttötung war.

Pausback (Z. 6): Kind mit noch rundlichen Wangen, noch sehr jung, kindlich

asketischen (Z. 6): enthaltsamen, bedürfnislosen, bescheidenen

Aufgaben und Fragen

Aufgaben/Fragen	Lösungen/Antworten	Pt.
1. Finden Sie mindestens ein Wort mit gleicher oder ähnlicher Bedeutung (Synonym). Schreiben Sie es so, dass es genau in den Text passt.	verknöcherte – Z. 3 – … Pedanten – Z. 3 – … Neuerer – Z. 12 – … obrigkeitlicherseits – Z. 20 – … sorgfältige Zucht – Z. 21/22 – … der Kaserne – Z. 22 – …	6
2. Beantworten Sie stichwortartig die vier Fragen.	Was für eine Erzählsituation liegt vor? Welches sind die beiden Hauptfiguren? Wessen Meinung und Haltung wird dargestellt? Was ist das Thema?	4
3. Von welcher Redensart ist der Titel abgeleitet? Wie kann die Redensart auf den Text bezogen werden?	Redensart: … Bezug: …	3
4. Analysieren Sie die Erzählstruktur. Geben Sie die genauen Zeilen an.	Erzählbericht – Zeilen: … Sicht der Schule, der Gesellschaft – Zeilen: … Meinung des Rektors – Zeilen: … Sicht der Schüler – Zeilen: …	4
5. Worin besteht der Zynismus der beiden Textstellen?	Textstellen: – Ist zynisch, denn … »… so muß die Schule den natürlichen Menschen zerbrechen, besiegen und gewaltsam einschränken; …« (Z. 18/19) »Wie schön hatte sich der kleine Giebenrath entwickelt!« (Z. 23)	4
6. Was für ein Menschenbild liegt den Äußerungen in den Zeilen 14–19 zugrunde? Begründen Sie Ihre Antwort.	Menschenbild: … Begründung: …	2
7. Hermann Hesse verfasste die Erzählung 1903. Ordnen Sie den Text in den historischen Kontext der Jahre 1914 bis 1945 ein.	…	4

9	Sachtext	Niveau: ●●	Datum:	Erreichte Punkte: von 28

Zeilen	
	Kleider teilen statt wegwerfen
1	Kein Zweifel: Bei ökologisch und entwicklungspolitisch Engagierten hat der Name des Billiganbieters Tchibo
2	keinen guten Klang. Aber seit Wochen unterstützt der Kaffee- und Allerleikonzern einen Mietservice für Kin-
3	derkleidung: Eltern können für ihre schnell wachsenden Kinder passende Kleidung für einige Monate leihen
4	und sie dann zurückgeben. Die Leihgebühr ist günstig, der Geldbeutel der Eltern wird geschont – und das
5	Projekt weist der umweltfeindlichen Wegwerfwelt namens Mode einen Weg zur Nachhaltigkeit.
6	»Wir müssen weg von der schnell wechselnden Mode, die viel Abfall produziert und viele Ressourcen ver-
7	schlingt – hin zu weniger Konsum«, lobt denn auch Greenpeace die Tchibo-Initiative. Zu Recht. Denn die
8	Mode- und Textilbranche zerstört die Umwelt in einem Maße, wie dies nur für wenige Industriezweige gilt –
9	in harmonischer Zusammenarbeit mit ihren Kunden.
10	Weltweit werden jährlich mehr als hundert Milliarden Kleidungsstücke hergestellt, eine Verdoppelung zwi-
11	schen 2000 und 2015. Dies liegt an der höheren Kaufkraft einer wachsenden Minderheit in Schwellenländern
12	wie China, Indien oder Brasilien. Ein wichtiger Grund ist jedoch auch der immer schnellere Kollektionswech-
13	sel. Marktführer wie H&M oder Zara bringen rund 24-mal im Jahr eine neue Kollektion heraus. So schnell-
14	lebig ist fast keine andere Branche.
15	Die Kunden spielen mit. Sie kaufen online, können alles wieder gratis zurückschicken und machen jede Mode
16	mit. So kauft jeder Deutsche im Durchschnitt 60 Kleidungsstücke im Jahr. Entsprechend viele Röcke, Hosen
17	und Hemden hängen in den Schränken. Bestenfalls ungenutzt. Im schlimmsten Fall werden sie einfach weg-
18	geworfen. Drei Viertel aller Kleidungsstücke landen auf der Deponie oder werden verbrannt.
19	Die ökologischen Kosten dieser textilen Wegwerfwirtschaft sind hoch. Die Textilproduktion verschlingt nicht
20	nur große Mengen an Baumwolle, sondern auch viel Wasser, Energie und Chemikalien. Der Baumwollanbau
21	für ein T-Shirt erfordert bis zu 2000 Liter Wasser, der für eine Jeans rund 8000 Liter.
22	Entsprechend hart fällt die ökologische Bilanz der Umweltorganisation WWF zur Textilproduktion aus. In
23	textilverarbeitenden Ländern wie Bangladesch oder Pakistan sinke der Grundwasserspiegel. Dies bedrohe die
24	Versorgung mit Trinkwasser und die Landwirtschaft. Obwohl Baumwolle nur auf 2,4 Prozent des globalen
25	Ackerlands angebaut wird, stehe sie, so der WWF, für 24 Prozent der weltweit versprühten Insektizide. Die
26	gesundheitlichen Schäden für die Arbeiter auf den Baumwollfeldern sind immens, die Böden werden früher
27	oder später ausgelaugt. Die US-Designerin Eileen Fisher nennt die Modeindustrie »den zweitgrößten Umwelt-
28	verschmutzer nach der Ölindustrie«. [...]
29	Das Kleider-Sharing bietet große Chancen. Durch den Tausch könnten es sich mehr Menschen leisten, sich
30	modisch zu kleiden, ohne dass mehr produziert werden muss – und ohne dass die Kleiderschränke immer
31	voller werden. Die preisgekrönte Ökomode-Designerin Ina Budde ist zuversichtlich, dass die Kunden hier mit-
32	ziehen: »Wir leihen Bücher, streamen Videos, mieten Autos – warum sollten wir nicht auch Kleider teilen?«

Kontext, Hintergrund, Wortschatz

Der Artikel stammt aus der Badischen Zeitung vom 23. Juni 2018. Gastbeitrag von Wolfgang Kessler. Er ist Wirtschaftspublizist und Chefredakteur der christlichen Zeitschrift Publik-Forum.	Allerleikonzern (Z. 2): Konzern, der viele verschiedene Produkte im Sortiment führt Greenpeace (Z. 7): deutsch »grüner Frieden«, internationale Umweltschutzorganisation WWF (Z. 25): Abkürzung für World Wildlife Fund ausgelaugt (Z. 27): Böden mit wenig Nährstoffen

Aufgaben und Fragen

Aufgaben/Fragen	Lösungen/Antworten	Pt.
1. Finden Sie mindestens ein Wort mit gleicher oder ähnlicher Bedeutung (Synonym). Schreiben Sie es so, dass es genau in den Text passt.	keinen guten Klang – Z. 2 – ____ weist – Z. 5 – ____ Branche – Z. 14 – ____ Drei Viertel – Z. 18 – ____ verschlingt – Z. 19 – ____ globalen – Z. 24 – ____	6
2. Welche drei Themen stehen im Vordergrund. Kreuzen Sie an.	☐ Kleider-Sharing ☐ Online-Handel ☐ Wegwerfmentalität ☐ Tchibo-Konzern ☐ Ökologische Folgen ☐ Konsumsucht	3
3. Kreuzen Sie an. ✓ = stimmt – = stimmt nicht ? = kann aus dem Text heraus nicht beantwortet werden.	Aussagen: ✓ / – / ? Tchibo bietet viele verschiedene Produkte an. Greenpeace ist gegen das Kleider-Sharing. Das Kundenverhalten fördert die Massenproduktion. Die Deutschen kaufen immer weniger Kleider. Der Autor macht selbst beim Kleider-Mietservice mit. Im Artikel werden zwei Mode-Designerinnen zitiert.	6
4. Die Kleiderproduktion hat stark zugenommen. Nennen Sie stichwortartig drei im Text erwähnte Ursachen und Folgen.	Ursachen der Zunahme: ____ | Folgen der Zunahme: ____	6
5. Der Autor kritisiert direkt oder indirekt die Kundinnen und Kunden. Zitieren Sie dazu drei Textstellen mit Zeilenangabe.	Textstelle 1: .... Textstelle 2: .... Textstelle 3:	3
6. Nennen Sie die Zeilen, in denen das Thema »Kleidertausch« im Zentrum steht.	Zeilen: .... Wie wird die Idee bewertet? ☐ negativ ☐ neutral ☐ positiv	2
7. In den Zeilen 23–25 verwendet der Autor die Verbformen *sinke, bedrohe, stehe*. Weshalb?	....	2

10	Sachtext	Niveau: ●	Datum:	Erreichte Punkte: von 21

Zeilen	
	Motivation: Die Zwei-Faktoren-Theorie nach Herzberg
1	Der amerikanische Professor Frederick Herzberg (1923–2000) untersuchte die Faktoren, welche zur
2	Steigerung der Arbeitszufriedenheit beitragen. Dabei unterscheidet er sogenannte Motivatoren und
3	Hygienefaktoren.
4	Die Motivatoren entsprechen der eigenen inneren Motivation, die als intrinsische Motivation bezeichnet
5	wird. Die meisten Hobbys werden aus dieser intrinsischen Motivation heraus betrieben. Im Vordergrund
6	stehen das persönliche Interesse an einer Sache und die Freude an der Tätigkeit. Im Berufsleben gehören
7	zur intrinsischen Motivation zum Beispiel die Sinnhaftigkeit der Arbeit, der Arbeitsinhalt, der Stolz auf
8	die Arbeitsleistung sowie Anerkennung, Verantwortung und persönliche Entfaltungsmöglichkeiten.
9	Diese Motivatoren sind wichtig, denn sie wirken sich stark auf die Arbeitszufriedenheit und somit auf
10	die Arbeitsleistung der Mitarbeitenden aus.
11	Als Hygienefaktoren bezeichnet Herzberg die äußeren Motivationsfaktoren wie Lohn, Sicherheit des
12	Arbeitsplatzes, Führungsstil der Vorgesetzten, zwischenmenschliche Beziehungen und Status. Diese
13	Faktoren gehören zur extrinsischen Motivation.
14	Gemäß Herzberg haben die Hygienefaktoren einen geringeren Einfluss auf das Wohlbefinden als die
15	Motivatoren. Zwar können ungünstige Hygienefaktoren wie beispielsweise ein schlechtes Arbeitsklima
16	zu Unzufriedenheit führen und werden daher auch Frustratoren genannt, doch es gibt keine Garantie,
17	dass die Mitarbeitenden rundum zufrieden und motiviert sind, wenn alle Hygienefaktoren stimmen.
18	Günstige extrinsische Faktoren können im besten Fall bloß von einem Zustand der Unzufriedenheit
19	(Frustration) zur »Nicht-Unzufriedenheit« (Dienst nach Vorschrift) führen. So macht zum Beispiel nach
20	der Herzberg-Theorie allein der günstige Hygienefaktor »guter Lohn« einen Mitarbeiter mit fehlender
21	intrinsischer Motivation nicht automatisch zufriedener. Denn er wird erst dann zufrieden sein, wenn ihm
22	die Arbeit an sich gefällt, er genügend Anerkennung bekommt und wenn er Verantwortung überneh-
23	men darf. Umgekehrt kann aber bei einem sehr motivierten Mitarbeiter eine Lohnreduktion zu Unzufrie-
24	denheit führen.
25	Die Zwei-Faktoren-Theorie nach Herzberg wird heute kritisch betrachtet. Kritiker sagen, dass die
26	angenommene kausale Wirkung von Arbeitszufriedenheit auf Arbeitsleistung sich empirisch nicht
27	halten lasse. Zudem zeigten andere Untersuchungen, dass auch Hygienefaktoren zur Zufriedenheit
28	und fehlende Motivatoren zu Unzufriedenheit führen können.

Kontext, Hintergrund, Wortschatz

Frederick Herzberg war ein US-amerikanischer Professor der klinischen Psychologie und Arbeitswissenschaft. 1959 veröffentlichte er seine Zwei-Faktoren-Theorie.	kausale Wirkung (Z. 26): ursächliche Wirkung, Ursache und Wirkung hängen direkt zusammen empirisch (Z. 26): gemäß der Forschung, nachweislich

Aufgaben und Fragen

<table>
<tr><th>Aufgaben/Fragen</th><th>Lösungen/Antworten</th><th>Pt.</th></tr>
<tr><td>1. Finden Sie mindestens ein Wort mit gleicher oder ähnlicher Bedeutung (Synonym). Schreiben Sie es so, dass es genau in den Text passt.</td><td><table><tr><td>Steigerung</td><td>Z. 2</td><td></td></tr><tr><td>Status</td><td>Z. 12</td><td></td></tr><tr><td>geringeren</td><td>Z. 14</td><td></td></tr><tr><td>Wohlbefinden</td><td>Z. 14</td><td></td></tr><tr><td>allein</td><td>Z. 20</td><td></td></tr></table></td><td>5</td></tr>
<tr><td>2. Vervollständigen Sie die Tabelle. Nennen Sie Beispiele, die im Text stehen.</td><td><table><tr><td>Faktoren:</td><td>Motivatoren</td><td></td></tr><tr><td>Art der Motivation:</td><td>.......................
= ....
.... Motivation</td><td>extrinsisch
= ....
.... Motivation</td></tr><tr><td>Zwei Beispiele:</td><td></td><td></td></tr></table></td><td>4
(je ½)</td></tr>
<tr><td>3. Setzen Sie die passenden Begriffe ein.</td><td>Die Herzberg-Theorie besagt, dass vor allem die .... Motivation wichtig ist für unsere allgemeine Zufriedenheit. Fehlt beispielsweise diese Motivation können .... Motivationsfaktoren wie zum Beispiel ein hoher Lohn .... bewirken. Hingegen können engagierte, motivierte Mitarbeitende durch ein .... Arbeitsklima .... werden, was die Arbeitsleistung .... kann.</td><td>6</td></tr>
<tr><td>4. Welche beiden Aussagen stimmen gemäß Text?</td><td>☐ Die Herzberg-Theorie gilt heute als widerlegt.
☐ Die von Herzberg dargestellten Zusammenhänge werden hinterfragt.
☐ Ein hohes Ansehen ist die wichtigste Motivation für gute Leistung.
☐ Untersuchungen zeigen, dass auch extrinsische Faktoren wichtig sind.
☐ Die Herzberg-Theorie wurde Ende des 19. Jahrhunderts entwickelt.</td><td>2</td></tr>
<tr><td>5. Wie ist der Text inhaltlich gegliedert? Setzen Sie kurze passende Zwischentitel ein.</td><td><table><tr><td>Zeilen:</td><td>Zwischentitel:</td></tr><tr><td>1–3</td><td></td></tr><tr><td>4–10</td><td></td></tr><tr><td>11–24</td><td></td></tr><tr><td>25–28</td><td></td></tr></table></td><td>4</td></tr>
</table>

Zeilen

Nach der Landung

1 Wir hatten bereits gehört und Kenntnis erhalten über merkwürdige Lebewesen, die nahe unserer Stati-
2 on gesichtet worden waren, doch konnten wir aus den ungenauen Beschreibungen kein Bild gewinnen.
3 Dank besonderer Umstände jedoch wurde uns wenig später ein Exemplar jener Gattung übergeben, für
4 die wir bis heute keine exakte Bezeichnung formulieren konnten. Wir haben es zwar untersucht und
5 durchleuchtet, ohne dabei die innere Gesetzmäßigkeit dieser zoologischen Novität zu begreifen.
6 Daß es von uns grundverschieden ist, stellten wir als einziges mit einer gewissen Sicherheit fest. So ist
7 beispielsweise der Leib des unerklärlichen Wesens von einem Gewirr feiner und feinster Röhren durch-
8 zogen, durch die eine rote Flüssigkeit läuft, die hauptsächlich aus Wasser besteht, bis auf einen gerin-
9 gen Prozentsatz organischer und anorganischer Substanzen. Innerhalb des Wesens, schlau geschützt
10 durch eine korbähnliche Umkleidung, ist eine kleine Pumpe installiert, welche die Flüssigkeit durch die
11 Röhren treibt, in einem steten Kreislauf, der offenkundig sich selbst genügt und gar nichts in Bewegung
12 setzt. Die Vermutung liegt nahe, dass es sich um ein Lebewesen niederer Sorte handelt.
13 Äußerlich ist es mit einer weichen Folie überzogen, auf der sich da und dort Büschel feiner Fäden
14 befinden. Mißtönend klingt die Stimme aus einer Öffnung hervor, in der zwei Reihen kleiner harter
15 Knochenstifte stehen. Diese sind in einem kugelförmigen Aufsatz angebracht, in dem auch das Reakti-
16 onszentrum versteckt zu sein scheint und dessen Funktionen kennenzulernen wir uns mühten: sie sind
17 übrigens unbedeutend. Es produziert einige Affekte gröbster Sorte: Angst, Freude, Trauer, Heiterkeit,
18 Hass.
19 Recht simple Werkzeuge, die an seinem Rumpf befestigt sind, können wenige ungeschickte, schwerfäl-
20 lige Operationen durchführen, die indes bisher ausgereicht haben, es mit dem notwendigen Betriebs-
21 stoff zu versorgen. Und auch fernerhin ausreichen werden.
22 Denn am vierten Tag der Untersuchung entschlüpfte uns das Wesen bei der Prüfung seiner Schnellig-
23 keit. Erst hatte es sich angestellt, als könne es sich kaum vorwärtsbewegen, war dann in einem Mo-
24 ment mangelnder Aufmerksamkeit plötzlich in Trab gefallen und ziemlich rasch verschwunden. Eine
25 Eigenschaft zeigte es damit, die wir nicht vermutet hatten und die das Wesen wahrscheinlich vor dem
26 Aussterben geschützt hat: nämlich hochgradige Listigkeit.
27 Die Akten über den Fall mußten notgedrungen geschlossen werden; ein weiteres Wesen wurde nicht
28 gefangen. Über eine vorläufige wissenschaftliche Benennung war keine Einigung zu erzielen. Wir hat-
29 ten die Zeit nach der Landung so gut wie möglich genutzt, faktisch bis zur letzten Minute des Abfluges.
30 Künftigen Untersuchungen wird also vorbehalten sein, endgültig festzustellen, was das eigentlich ist,
31 das diesen Planeten hier belebt.

Kontext, Hintergrund, Wortschatz

Der Text stammt vom deutschen Schriftsteller Günter Kunert, 1929–2019.
In seinen Arbeiten (u. a. Gedichte, Kurzgeschichten, Satiren, Märchen und Hörspiele) nimmt er kritisch Stellung zu gesellschaftlichen Themen.

zoologische Novität (Z. 5): Neuentdeckung im Tierreich
Affekte (Z. 17): Gefühlsäußerungen, Emotionen
notgedrungen (Z. 27): zwangsläufig, gezwungenermaßen

Aufgaben und Fragen

Aufgaben/Fragen	Lösungen/Antworten	Pt.
1. Finden Sie mindestens ein Wort mit gleicher oder ähnlicher Bedeutung (Synonym). Schreiben Sie es so, dass es genau in den Text passt.	merkwürdige — Z. 1 exakte — Z. 4 Substanzen — Z. 9 gröbster (Sorte) — Z. 17 fernerhin — Z. 21 entschlüpfte — Z. 22	6
2. Beantworten Sie die Fragen stichwortartig oder mit einem kurzen Satz.	Wo spielt die Geschichte? Wer ist mit »wir« gemeint? Wer sind die »merkwürdigen Lebewesen«? Aus welcher Perspektive wird berichtet? Was machen die Protagonisten?	5
3. Um was für eine Textsorte handelt es sich? Was sind typische Merkmale? Was ist die Schreibabsicht?	Textsorte: ... Typische Merkmal dieser Textsorte: ... ... Schreibabsicht:	3
4. Was ist mit diesen Bezeichnungen gemeint?	Gewirr feiner und feinster Röhren (Z. 7): = ... eine kleine Pumpe (Z. 10) = ... weichen Folie (Z. 13) = ... Reaktionszentrum (Z. 15/16) = ... (simple) Werkzeuge (Z. 19) = ... Betriebsstoff (Z. 20/21) = ...	3 (je ½)
5. Was wurde über das »merkwürdige Lebewesen« herausgefunden? Ergänzen Sie den Satz.	Das Wesen ist körperlich sehr ... gebaut. Seine Bewegungen sind eher ... . Das Wesen produziert einfache Gefühle wie Angst, Freude und Hass. Überraschenderweise ist das Wesen äußerst	3
6. Was ist die Kernaussage?	... ...	2
7. Beschreiben Sie stichwortartig den Schreibstil.	... ...	2

12	Literatur	Niveau: ●●	Datum:	Erreichte Punkte: von 22

Zeilen	
	Der Fremde
1	Er war schon lange Zeit dagewesen, wortlos an seinem Tisch gesessen, bevor er von den andern
2	beachtet wurde. Plötzlich dann nickte man zu ihm hinüber.
3	Man lachte, stand auf, trat an seinen Tisch, reichte ihm die Hand hin, freundlich, setzte sich zu
4	ihm, rückte die Krawatte zurecht und beteuerte, es sei eine Ehre, eine Freude, den berühmten
5	Mann einmal persönlich hier zu sehen.
6	Die Verlegenheit, die rot in seinem Gesicht stand, wurde als Bescheidenheit gedeutet.
7	Doch einer sprach die Vermutung aus, es könnte, ja, es müsse sich um eine Verwechslung handeln,
8	die Ähnlichkeit zwar sei aussergewöhnlich, sei täuschend.
9	Der verlegene Ausdruck wechselte nun in ihre Gesichter. Man stand zögernd auf, nickte noch,
10	lächelte kaum mehr, gab die Hand, die ohnehin zu feuchte, nicht, ging zurück an den eigenen Tisch,
11	setzte sich wieder. Man schaute vielleicht nochmals hinüber, stocherte mit dem Löffelchen in der
12	Tasse und vergass den Mann am andern Tisch.
13	Nie hatte er etwas gesagt, hatte keine Aufmerksamkeit verlangt. Er war derselbe geblieben, war
14	verwechselt, erhoben worden. Es sei eine Ehre, hatte man gesagt. Ein Irrtum war es, stellte sich
15	heraus. Er war zurückgestossen, fallengelassen worden. Noch lang sass er an seinem Tisch, ehe
16	er ging, sass still, stand plötzlich auf, ging schnell, ging grusslos und wurde nie mehr gesehen an
17	diesem Ort.

Kontext, Hintergrund, Wortschatz

Kurzgeschichte von Silvio Blatter, Schweizer Schriftsteller, geb. 1946.	beteuerte (Z. 4): versicherte, erklärte, bestätigte

Aufgaben und Fragen

Aufgaben/Fragen	Lösungen/Antworten	Pt.
1. Finden Sie mindestens ein Wort mit gleicher oder ähnlicher Bedeutung (Synonym). Schreiben Sie es so, dass es genau in den Text passt.	Bescheidenheit – Z. 6 – ______ gedeutet – Z. 6 – ______ erhoben – Z. 14 – ______ Irrtum – Z. 14 – ______	4
2. Beantworten Sie die vier Fragen stichwortartig.	Handlungsort: Wo spielt die Geschichte? ______ Personen: Welches sind die Protagonisten? ______ Weshalb nehmen die Leute Kontakt mit dem Mann auf? ______	3
3. Fassen Sie die Handlung in eigenen Worten zusammen. Verwenden Sie das Präsens.	Ein Mann sitzt schon längere Zeit wortlos an einem Tisch. Dann …	4
4. Beschreiben Sie das Verhalten der Menschen mit je drei passenden Adjektiven.	Verhalten vorher (Z. 3–5): .... Verhalten nachher (Z. 9–12):	3 (je ½)
5. Welche Kernaussage passt am besten zur Geschichte?	☐ Berühmte Menschen haben es leichter im Leben. ☐ Wir neigen dazu, andere entsprechend ihres Status zu behandeln. ☐ Fremde bleiben immer fremd.	1
6. Wie ist der letzte Abschnitt (Z. 13–17) zu interpretieren? Antworten Sie in kurzen Sätzen.	....	2
7. Der Autor verwendet mehrfach »man«. Welche Funktion hat dieses Indefinitpronomen?	....	2
8. »Der Fremde« gehört zur Textsorte Kurzgeschichte. Unterstreichen Sie die passenden Begriffe.	Eine Kurzgeschichte ist wie eine Karikatur/Momentaufnahme aus dem Leben eines Menschen. Dabei geht es oftmals um ein prägendes/amüsantes Ereignis oder Erlebnis. Die Geschichte beginnt unmittelbar/langsam und hat meisten einen geschlossenen/offenen Schluss. Der Spannungsaufbau führt zu einer überraschenden Wende, auch Drama/Pointe genannt. Die Autorinnen und Autoren verwenden Alltagssprache mit einer minimalistischen/saloppen Ausdrucksweise.	3 (je ½)

Zeilen	
	Irgendwann werden wir uns alles erzählen
1	Zwei Wochen sind vergangen. Es ist Juli, wir haben jetzt Westgeld. Kein einziger Regen ist
2	gefallen, die erste Heuernte ist getan, Johannes hat ein Zeugnis in der Hand und einen guten
3	Abschluss. Geldgeschenke bekam er von den Eltern, den Großeltern mütterlicherseits und von
4	der Frieda. Von ihr am meisten. Wir beschließen, nach München zu fahren: mein zweites Mal im
5	Westen.
6	An das erste Mal erinnere ich mich ungern. Demütigend war mir das Einreihen in die Schlange
7	für das Begrüßungsgeld gewesen, erniedrigend die Blicke eines Obst- und Gemüsehändlers, als
8	ich ihn fragte, wie diese und jene Frucht hieße und wie man sie essen müsse. Vorher standen wir
9	Stunden am Grenzübergang und froren; es hatte ersten Schnee gegeben – frühen Schnee –, und
10	wir waren nicht vorbereitet auf Hunderte von Autos, die alle die Grenze passieren wollten. Wir
11	warteten viele Stunden in dem eiskalten Auto, nur um uns dieses Geld zu holen und endlich den
12	Westen leibhaftig gesehen zu haben. Ich war enttäuscht. Die Erwartung, die mein ganzes Leben
13	Zeit gehabt hatte, sich aufzubauen, hielt der Wirklichkeit eines schneeregenkalten November-
14	tages nicht stand. Das einzige Geschäft, das ich betrat, war dieser Obstladen, dessen Besitzer uns
15	kalt musterte. Es war uns ins Gesicht geschrieben, woher wir kamen.
16	Nun das zweite Mal, im Sommer. Der alte Wartburg stöhnt unter der Anstrengung der unge-
17	wohnt langen Strecke; die Straßen jedoch werden hinter der Grenze schlagartig besser. An der
18	Grenzstation zeigten wir unsere Personalausweise und wurden durchgewunken. Das ist unfass-
19	bar, noch immer. Wir fuhren einfach weiter.
20	Auf der Autobahn überholen uns sogar die großen LKWs. Wir rauchen bei geöffneten Fenstern
21	und fühlen uns göttlich. Nach fast sechs Stunden Fahrt erreichen wir München. Ich habe kein
22	Geld, und wenn ich welches hätte, wüsste ich nicht, was ich kaufen sollte. Es gibt alles, und ich
23	könnte mich unmöglich für irgendetwas entscheiden. Johannes aber hat einen Plan. Wir gehen
24	ein Stück, treiben mit den anderen an Geschäften vorbei und hinein, wieder heraus und weiter,
25	er hält meine Hand zu fest, ich mache mich los und schaue, schaue, schaue. Der Westen hat
26	einen anderen Klang und einen anderen Geruch.

Kontext, Hintergrund, Wortschatz

Textauszug aus dem Roman »Irgendwann werden wir uns alles erzählen« der deutschen Schriftstellerin Daniela Krien, geb. 1975.

Die Ich-Erzählerin heisst Maria, ist 17 Jahre alt und wohnt mit Johannes auf dem Bauernhof seiner Eltern irgendwo in der DDR. Die Geschichte spielt im Juli 1990, also kurz nach dem Mauerfall im November 1989.

Westgeld (Z. 1): siehe Begrüßungsgeld

Begrüßungsgeld (Z. 7): Nach dem Fall der Mauer erhielten alle DDR-Bürgerinnen und -Bürger 100 Westmark als Begrüßungsgeschenk.

Wartburg (Z. 16): Automodell der DDR (Ein anderes Modell war der Trabant, genannt »Trabbi«.)

Aufgaben und Fragen

Aufgaben/Fragen	Lösungen/Antworten	Pt.
1. Finden Sie mindestens ein Wort mit gleicher oder ähnlicher Bedeutung (Synonym). Schreiben Sie es so, dass es genau in den Text passt.	Schlange – Z. 6 leibhaftig – Z. 12 (kalt) musterte – Z. 15 schlagartig – Z. 17 unfassbar – Z. 18/19	5
2. Beantworten Sie stichwortartig folgende Fragen zum Textauszug.	Kontext: Was ist der politische Hintergrund? Thema: Worum geht es im Textauszug? Personen: Wer sind die beiden Protagonisten? Handlungsräume: Wo spielen sich die Szenen ab? Zeit: Welches sind die beiden Zeiträume?	5
3. Wie hat die Autorin die Erzählung gestaltet? Ergänzen Sie die Tabelle. Für die Spalte »Form« finden Sie sieben Begriffe zur Auswahl.	(siehe Tabelle unten) Begriffe für die Spalte »Form«: direkte Rede/Vorausdeutung/Rückblende/innerer Monolog/indirekte Rede/Erzählbericht (Teil 1 und 2)/Dialog	5 (je ½)
4. Vergleichen Sie die Außenwelt mit der Innenwelt, den Gefühlen. Welche Zusammenhänge stellen Sie fest? Erklären Sie in kurzen Sätzen.	Zusammenhang Außen- und Innenwelt beim ersten Besuch: … Zusammenhang Außen- und Innenwelt beim zweiten Besuch: …	4
5. Analysieren Sie die Wortwahl und die Satzstrukturen. Wie gut passt der Schreibstil zur Ich-Erzählerin?	Wortwahl und Satzbau: … Schreibstil und Ich-Erzählerin: …	4

Tabelle zu Aufgabe 3:

Zeilen:	Form:	Zeitform:	Inhalt:
1–5			Entschluss, nach München zu fahren
6–15			
7/8		—	»… als ich ihn fragte, wie …«
20–26			
23		Präsens	»Johannes aber hat einen Plan.«

Zeilen

Gender: Weder Mann noch Frau

1 Auf einem Plakat wirbt ein Getränkehändler für Bier mit einer Frau in Hotpants, darunter steht:
2 »Der Astra Tatsch-Screen«. Einige Meter weiter hat jemand ein männliches Geschlechtsteil an einen
3 Pfeiler gesprüht. Mit Blick auf Po und Penis sitzt Lann Hornscheidt in einem Sessel an der Hasenhei-
4 de in Berlin und trinkt Kräutertee.
5 Es gibt sicher gemütlichere Orte als dieses Randstück Kreuzbergs. Aber Lann Hornscheidt will es
6 auch gar nicht gemütlich haben auf der Großbaustelle der Geschlechter.
7 Hornscheidt, 51, will weder Mann noch Frau sein. Mehr als 30 Jahre lang trug Hornscheidt den
8 Vornamen Antje. Dann fiel die Entscheidung: »Ich wusste, ich kann mich mit dem, was Weiblichkeit
9 ausmacht, nicht identifizieren. Mit Männlichkeit aber ganz klar auch nicht.« Im Ausweis steht nun
10 »Lann«, aber weiter »weiblich«, so fordert es das Personenstandsgesetz. Hornscheidt klagt dage-
11 gen, als erster Mensch in Deutschland: »Im Pass soll gar kein Geschlecht stehen, dafür kämpfe ich,
12 wenn es sein muss, auch vor dem Europäischen Gerichtshof für Menschenrechte.«
13 Es ist eine Herausforderung, mit oder über Lann Hornscheidt zu reden, ohne ein »er« oder ein
14 »sie« zu verwenden, ein »die« oder »der«. Welche Anrede ist die beste? »Lann Hornscheidt, so
15 heiße ich, so steht es auch in meinem Pass.« Welche Grußformel in Mails oder Briefen möchten
16 Sie? »Warum denn nicht ›Hallo‹? Reicht doch.«
17 Mehr als drei Jahre ist es her, dass Hornscheidt auf der Webseite des Lehrstuhls darum bittet, ge-
18 schlechtsneutral angesprochen zu werden – und mit dem Titel Profx., auszusprechen Professiks.
19 Bis heute vergeht auf Twitter oder Facebook seitdem kaum ein Tag, an dem nicht ein hämischer
20 Post zu Hornscheidt auftaucht. Männer drohten Vergewaltigungen an, versehen mit dem Hinweis,
21 dass Hornscheidt dann wisse, wer »sie« sei. Ein Mann dichtete alte Nazilieder mit Mordaufrufen
22 um, bei der er das Wort »Jude« durch »Lann« ersetzte.
23 Was machen solche Anfeindungen mit einem Menschen? »Ich bin an Kommunikation interessiert,
24 das ist mein Job, das ist mein Leben, warum sollten mich Reaktionen anderer bitter machen?«,
25 sagt Hornscheidt. »In einer Welt, in der alles sich verändert, ist für viele die klare Geschlechtertren-
26 nung die letzte Gewissheit. Wenn ich jetzt noch einen Schritt weitergehe und sage: Vielleicht ist
27 Zweigeschlechtlichkeit an sich eine Konstruktion, dann irritiert das Menschen. Weil sie nicht irritiert
28 werden wollen oder Angst haben, sagen sie: Die Person, die das vorschlägt, ist doch krank!«

Kontext, Hintergrund, Wortschatz

Der Artikel stammt aus der Süddeutschen Zeitung vom 7. August 2017.
Verfasserin: Claudia Fromme, Journalistin.

Gender (Titel): Geschlechtsidentität des Menschen als soziale Kategorie, z. B. männlich/weiblich
Personenstandsgesetz (Z. 10): Das Gesetz regelt familienrechtliche Umstände wie Geburt, Ehe, Lebenspartnerschaften und auch Namensführungen.
Webseite des Lehrstuhls (Z. 17): Bezug auf die Humboldt-Universität zu Berlin. Lann Hornscheidt hatte dort bis Dezember 2016 die Professur (Lehrstuhl) für Gender Studies und Sprachanalyse inne.

Aufgaben und Fragen

Aufgaben/Fragen	Lösungen/Antworten	Pt.
1. Finden Sie mindestens ein Wort mit gleicher oder ähnlicher Bedeutung (Synonym). Schreiben Sie es so, dass es genau in den Text passt.	fordert – Z. 10 – …… Herausforderung – Z. 13 – …… hämischer – Z. 19 – …… irritiert – Z. 27 – ……	4
2. Beantworten Sie stichwortartig die W-Fragen zum Kontext und zum Inhalt.	Kontext: Wann wurde der Text publiziert? …… Wer hat ihn verfasst? …… Wo fand das Gespräch statt? …… Was ist es für eine Textsorte? …… Inhalt: Welche Person steht im Zentrum? …… Was ist ihr Beruf? …… Was ist das Hauptthema? …… Was ist ein Nebenthema? ……	4 (je ½)
3. Beschreiben Sie in kurzen Sätzen die besondere Situation und das Anliegen der Hauptperson.	………………	4
4. Was ist gemeint mit dieser Aussage? Erklären Sie in einem Satz.	Aussage: Vielleicht ist Zweigeschlechtlichkeit an sich eine Konstruktion (Z. 26/27) Erklärung: ………………	2
5. Vergleichen Sie die drei Vornamen. Was stellen Sie in Bezug auf die Genderdiskussion fest? Antworten Sie in kurzen Sätzen.	Vornamen: Anna – Paul – Lann ………………	2
6. Wie geht die Hauptperson mit den Anfeindungen in den sozialen Medien um? Kreuzen Sie an.	☐ Sie ignoriert sie. ☐ Sie nimmt sie sachlich zur Kenntnis. ☐ Sie ist verärgert. ☐ Sie hat ein gewisses Verständnis dafür.	2
7. Was war die besondere sprachliche Herausforderung der Journalistin?	………………	2

15	Sachtext	Niveau: ●	Datum:	Erreichte Punkte: von 22

Zeilen	
	Vollbeschäftigung
1	Die persönliche Revolte von Jochen Kalz, Inhaber und Geschäftsführer von »Kalz Brandschutz und Elektrotech-
2	nik«, begann an einem Sonntag im Februar nach einem ausgiebigen Frühstück, als Kalz sich in seine Firma
3	aufmachte, voller Wut.
4	Kalz, eigentlich ein besonnener Mann, hatte sich am Frühstückstisch in Rage geredet, seine einzige Zuhörerin
5	war Barbara Baumer, seine Partnerin und, wie Kalz es beschreibt, »meine kaufmännische Assistenz im Betrieb«.
6	Barbara Baumer saß ihm gegenüber, während Kalz sich heißredete. Er sprach darüber, dass er täglich zehn,
7	zwölf Stunden in seiner Firma arbeite, dass der letzte Urlaub über zwei Jahre zurückliege, dass er einen Gutteil
8	seiner Tage damit verbringe, Kunden zu erklären, warum er ihre Aufträge verschieben musste, um Tage, um
9	Wochen, um Monate. Es war immer derselbe Grund: Ihm fehlten Mitarbeiter.
10	»Es war eine zutiefst unbefriedigende Situation«, sagt Kalz nun am Telefon und deutlich ruhiger. So hatte er
11	sich sein Leben nicht vorgestellt. Es musste sich etwas ändern, dringend.
12	Seit mehr als zwei Jahren suchte Kalz Mitarbeiter für seinen Betrieb. Meister, Bachelor-Absolventen aus der
13	Fachrichtung Elektrotechnik, Facharbeiter, Metallhandwerker, Kundendiensttechniker und Helfer. »Um unserem
14	Wachstum gerecht zu werden, suchen wir …«, es folgte Kalz' lange Liste. »Das Ergebnis war bescheiden«,
15	fasst Kalz seine Erfahrungen aus diesen zwei Jahren zusammen. »Niemand war qualifiziert, niemand schien
16	verlässlich.« […]
17	Kalz kann nicht mehr genau sagen, wie er auf die Idee kam, er kann nur sagen, dass die Idee plötzlich da war.
18	Sie passt in einen knappen Satz: Humor ist Mangelware in der Wirtschaft. Das war Kalz' zentrale Einsicht. Alle
19	Firmen konkurrieren um Aufträge, um Mitarbeiter, sie kämpfen um die besten Margen, um mehr Umsatz, um
20	mehr Gewinn. Es ist kalt da draußen, unbarmherzig, nicht lustig. Kalz wollte es wagen, lustig zu sein, selbst-
21	ironisch sogar. Er würde sich kleinmachen, um sich von allen anderen zu unterscheiden, um endlich neue,
22	fähige Mitarbeiter zu finden. […]
23	Gut eine Woche später erschien Kalz' neue Stellenanzeige in der Lokalzeitung. Er beschrieb seine Firma nicht
24	mehr wie üblich als »überregional tätiger Dienstleister im Bereich des vorbeugenden Brandschutzes«, sondern
25	als »Möchtegernunternehmen«, den Chef als »inkompetent und planlos«, gesucht wurden »unmotivierte
26	Taugenichtse«.
27	Die Anzeige erschien an einem Samstag. Gegen 8.30 Uhr rief der erste Bewerber an, und bis Mitte der kom-
28	menden Woche saß Kalz vor allem am Telefon. […] Am Ende lagen die Unterlagen von 25 Bewerbern vor ihm,
29	manche fachfremd, andere überqualifiziert […]. Kalz stellte einen Deutschen ein, der im Vertrieb arbeiten wird,
30	und einen Techniker, der aus Syrien stammt.
31	»Das war 'ne gute Aktion«, sagt Kalz am Telefon. Er plant auch schon etwas Neues. Was denn? –
32	»Betriebsgeheimnis.«

Kontext, Hintergrund, Wortschatz

Der Artikel stammt aus dem Nachrichtenmagazin »Der Spiegel«. Verfasser: Uwe Buse.

selbstironisch (Z. 20/21): über sich selbst lachend
fachfremd (Z. 29): ohne Fachkenntnisse, mit einer anderen fachlichen Ausbildung
überqualifiziert (Z. 29): über mehr Fähigkeiten verfügend, als benötigt werden (Gegenteil von unterqualifiziert)

Aufgaben und Fragen

Aufgaben/Fragen	Lösungen/Antworten	Pt.
1. Finden Sie mindestens ein Wort mit gleicher oder ähnlicher Bedeutung (Synonym). Schreiben Sie es so, dass es genau in den Text passt.	Revolte – Z. 1 – ausgiebigen – Z. 2 – in Rage – Z. 4 – Gutteil – Z. 7 – bescheiden – Z. 14 – verlässlich – Z. 16 –	6
2. Beantworten Sie folgende Fragen stichwortartig oder mit einem kurzen Satz.	Was macht Jochen Kalz beruflich? Was ist sein Hauptproblem? Worin besteht Kalz' neue Idee? Ist er mit seiner Strategie erfolgreich? In welcher Form fand das Gespräch mit Kalz statt?	5
3. Ergänzen Sie die Gegenüberstellung. Verwenden Sie eigene Begriffe.	in üblichen Stellenanzeigen: / in der Anzeige von Jochen Kalz: überregional tätiger Dienstleister / Möchtegernunternehmen Chef: .... / Chef: .... Gesucht werden: .... / Gesucht werden:	4
4. Erklären Sie, was mit dieser Aussage gemeint ist, indem Sie den Satz in eigenen Worten formulieren.	Aussage: Es ist kalt da draußen, unbarmherzig, nicht lustig. (Z. 20) Erklärung:	2
5. Wie ist der Titel zu verstehen?	In Bezug auf den Arbeitsmarkt: .... In Bezug auf Kalz' Stellenbesetzung:	2
6. Wie lauteten die Sätze, wenn der Autor die zitierten Aussagen in der indirekten Rede wiedergegeben hätte?	»Das Ergebnis war bescheiden«, fasst Kalz seine Erfahrungen aus diesen zwei Jahren zusammen. »Niemand war qualifiziert, niemand schien verlässlich.« (Z. 14–16)	3

Zeilen

Finden Sie heraus, was Sie lieben

Im Juni 2005 hielt Steve Jobs, der Begründer von Apple, an der bekannten kalifornischen Stanford Universität eine Rede auf der Abschlussfeier. Damals schien er geheilt. Sechs Jahre später verstarb er. Jobs gliederte seine Rede in drei Teile: Im ersten Teil sprach er über seine Kindheit und Jugend; im dritten Teil über seine Familie, seine Krebserkrankung und den Tod. Im zweiten Teil ging es um die Zeit, als er die Firma Apple gründete und seine Frau kennenlernte. Jobs' Rede ist unter dem englischen Titel »Stay hungry, stay foolish« (»Bleibt hungrig, bleibt verrückt«) sehr bekannt.

Meine zweite Geschichte handelt von Liebe und Verlust. Ich hatte Glück – ich wusste schon früh, was ich gerne machen wollte. Ich war zwanzig, als Woz und ich in der Garage meiner Eltern mit Apple anfingen. Wir arbeiteten hart, und nach zehn Jahren war Apple von einem Zwei-Mann-Projekt in einer Garage zu einem Zwei-Milliarden-Dollar-Unternehmen mit 4000 Angestellten angewachsen. Im Jahr zuvor hatten wir unsere beste Kreation lanciert, den Macintosh, ich war gerade dreissig geworden. Und dann wurde ich gefeuert. Wie kannst du von einer Firma entlassen werden, die du selbst gegründet hast? Nun, als Apple wuchs, stellten wir jemanden ein, der mir sehr geeignet erschien, das Unternehmen zusammen mit mir zu führen. Und im ersten Jahr funktionierte es gut. Dann aber gingen unsere Vorstellungen auseinander, und schliesslich kam es zum Zerwürfnis. In dieser Situation stellte sich unser Vorstand auf seine Seite. Mit dreissig war ich also entlassen, und zwar sehr öffentlich. Eine ganze Weile wusste ich wirklich nicht, wie es weitergehen soll. […]

Man hatte mich rausgeworfen, aber ich liebte meine Arbeit noch immer. Und so beschloss ich, neu anzufangen. Damals war mir noch nicht klar, dass die Entlassung das Beste war, was mir je passieren konnte. Anstelle der Last, erfolgreich zu sein, trat die Leichtigkeit des Anfängers, der unsicher sein darf. Das gab mir die Freiheit, eine der kreativsten Phasen meines Lebens zu beginnen.

In den nächsten fünf Jahren gründete ich NeXT und eine andere Firma mit dem Namen Pixar und ich verliebte mich in eine wunderbare Frau, die dann meine Ehefrau wurde. Pixar produzierte den ersten computeranimierten Spielfilm, »Toy Story«, und ist heute das weltweit erfolgreichste Animationsstudio.

In einer erstaunlichen Wendung wurde NeXT von Apple gekauft. Ich kehrte zu Apple zurück und die Technologie, die wir bei NeXT entwickelt hatten, ist das Herz von Apples aktueller Renaissance. Und Laurene und ich haben eine wunderbare Familie.

Ich bin ganz sicher, all dies wäre nicht passiert, wenn ich von Apple nicht gefeuert worden wäre.

Es war eine bittere Pille, aber ich denke, der Patient brauchte sie. Manchmal wirft einem das Leben etwas an den Kopf. Verlieren Sie in solchen Situationen nicht das Vertrauen. Ich bin überzeugt, dass ich nur weitergemacht habe, weil ich das liebte, was ich machte. Sie müssen herausfinden, was Sie lieben. Das gilt sowohl für die Arbeit als auch für Liebesbeziehungen. Ihre Arbeit wird einen Großteil Ihres Lebens einnehmen, und der einzige Weg, zufrieden zu sein ist, das zu tun, woran Sie glauben, dass es wichtig ist. Wenn Sie es noch nicht gefunden haben, suchen Sie weiter. Geben Sie sich nicht zufrieden. Sie werden es von Herzen spüren, wenn Sie es gefunden haben. Und es wird von Jahr zu Jahr besser werden, wie jede große Beziehung. Suchen Sie, bis Sie es finden. Geben Sie sich nicht zufrieden.

Kontext, Hintergrund, Wortschatz

Deutsche Übersetzung: Alex Bieli

Woz (Z. 8): Steve Wozniak, Jobs' Partner bei Apple

Macintosh (Z. 11): erster Mikrocomputer von Apple. Der Name ist von der Apfelsorte »McIntosh« abgeleitet. Später etablierte sich die Abkürzung »Mac«.

Aufgaben und Fragen

<table>
<tr><th>Aufgaben/Fragen</th><th>Lösungen/Antworten</th><th>Pt.</th></tr>
<tr><td>1. Finden Sie mindestens ein Wort mit gleicher oder ähnlicher Bedeutung (Synonym). Schreiben Sie es so, dass es genau in den Text passt.</td><td><table><tr><td>gliederte</td><td>Z. 3</td><td></td></tr><tr><td>lanciert</td><td>Z. 11</td><td></td></tr><tr><td>Zerwürfnis</td><td>Z. 15</td><td></td></tr><tr><td>kreativsten</td><td>Z. 21</td><td></td></tr></table></td><td>4</td></tr>
<tr><td>2. Welcher Titel würde ebenfalls zur zweiten Geschichte passen?</td><td>☐ So wird man erfolgreich.
☐ Nur die Arbeit macht uns zufrieden!
☐ Betrachten Sie eine Krise immer auch als Chance!
☐ Auch Arbeitslose können kreativ sein.</td><td>1</td></tr>
<tr><td>3. Setzen Sie die Ereignisse und die Jahreszahl an die passende Stelle auf der Zeitachse.</td><td>Geburt .... Tod
Feb. 1955 .... Okt. 2011

Ereignisse: Entlassung / Gründung Apple / Rede / Macintosh</td><td>4
(je ½)</td></tr>
<tr><td>4. Erklären Sie in eigenen Worten, was Steve Jobs mit dieser Aussage meint.</td><td>»Anstelle der Last, erfolgreich zu sein, trat die Leichtigkeit des Anfängers, der unsicher sein darf.« (Z. 20/21)

Erklärung: ....
....</td><td>2</td></tr>
<tr><td>5. Beurteilen Sie Steve Jobs' Redestil und beschreiben Sie mit drei passenden Adjektiven die Wirkung.</td><td>Redestil:
☐ schöngeistige, eher gehobene Ausdrucksweise (»Literaten-Stil«)
☐ einfache, anschauliche Alltagssprache (»Parlando-Stil«)
☐ nüchterne, eher sachliche Ausdrucksweise (»Bürokraten-Stil«)

Wirkung der Rede: ....
....</td><td>2
(je ½)</td></tr>
<tr><td>6. Steve Jobs verwendet in seiner Rede verschiedene Sprachbilder (Metaphern). Was meint er mit folgenden Bildern? Erklären Sie in eigenen Worten.</td><td>» … ist das Herz von Apples aktueller Renaissance.« (Z. 26)
....
»Es war eine bittere Pille …« (Z. 29)
....
»Manchmal wirft einem das Leben etwas an den Kopf.« (Z. 29/30)
....</td><td>3</td></tr>
<tr><td>7. Neben Sprachbildern kommen noch andere Redemerkmale vor, so die direkte Anrede und Appelle. Zitieren Sie vier Textstellen aus den Zeilen 28–37, in denen diesen beiden Redemerkmale vorkommen.</td><td><table><tr><td>Textstellen mit direkter Anrede und Appell:</td><td>Zeilen:</td></tr><tr><td></td><td></td></tr><tr><td></td><td></td></tr><tr><td></td><td></td></tr><tr><td></td><td></td></tr></table></td><td>4</td></tr>
</table>

Zeilen

Erregendes Leben

1 In aller Frühe dringen die Schreie des Nachbarn, der auch das Mundwasser B. nimmt, durch die dünnen Wän-
2 de. Angesteckt von dieser Lebenslust, stelle ich mich unter die defekte Brause und reite in der Frische wilder
3 Limonen durch die Schaumkronen des Ozeans, der mein Grundstück bespült. Bei meiner Rückkehr duftet mir
4 der Luxus entgegen, den man sich täglich leistet. Als ich mir nach dem herrlichen Toast und dem prickelnden
5 Bitter Lemon, das mich in einen englischen Schloßgarten versetzt, das unbeschreibliche P. in die frisch rasier-
6 ten Wangen tätschele, sehe ich mich sofort von drei außergewöhnlichen Frauen umringt.

7 Auf den verstopften Straßen ins Büro gibt mir das leichte Vibrieren meines neuen M. die unbändige Kraft zu
8 spüren, die unter der Kühlerhaube steckt. Ich spüre, wie sie auf mich übergeht. Es ist ein Tag zum Bäume-
9 ausreißen. Während ich versuche, an mich zu halten, schließe ich das Fenster, um den Abgasen den Weg ins
10 Wageninnere zu versperren. Ich stecke mir eine R. ins Gesicht und sehe mich sofort als golfenden Playboy.

11 Mein neues Hemd von R.-P. zieht wieder einmal alle Aufmerksamkeit auf sich. Wie ich das nur immer wieder
12 schaffe, denke ich mir, weil es heute ausnahmsweise keiner sagt. Gerade will ich meinen neuen Kugelschrei-
13 ber mit der Chinalack-Einlage im Clip einweihen, als mich barsche Chefworte aus meinen Gefühlen reißen.
14 Ich habe Mühe, meine Gehaltsrückstufung gelassen hinzunehmen, fange mich aber wieder, als ich mich bei
15 einer großzügig hingehaltenen A. bei einem Einkaufsbummel durch die exklusiven Boutiquen der Carnaby in
16 charmanter Begleitung wiederfinde. Später lasse ich mir durch den Botenjungen eine A.-S. holen, und alles
17 Unbehagen ist wie weggesprudelt.

18 Als ich nach Hause komme, finde ich unter der Post zwei Rechnungen, die mich fast umhauen. Aber ich lasse
19 mich nicht unterkriegen und betätige den Drehknopf meiner Super-Stereo-Anlage. Bei beliebten Melodien
20 finde ich meine alte Gelassenheit schnell wieder. Bald darauf erweist sich das Leben wieder einmal voller
21 Überraschungen, die ich dank meiner Unterwäsche von E. glänzend bestehe.

22 Nach dem Abendessen besuchen wir mit Freunden den neuen Film, über den jetzt alle reden. Endlich wieder
23 mal ein Film, mit dessen Helden man sich so richtig identifizieren kann. Bei uns zu Hause trinken wir noch
24 Sekt, und das Verhalten der Hauptperson überlebt in mir für den Rest des Abends. Bald sehen wir vom mor-
25 schen Geländer unserer renovierungsbedürftigen Treppe blonde Engel mit süßen Hintern und langen Beinen
26 rutschen. In den Armen halten sie neue Sektflaschen von K. Bevor ich kurz nach Mitternacht einschlafe, sehe
27 ich mich bei der Zigarette danach als rinderjagender Gauchero und spüre noch einmal hautnah die erregende
28 Abenteuerlichkeit dieser Welt.

Kontext, Hintergrund, Wortschatz

Der Text stammt vom deutschen Schriftsteller, Publizisten und Literaturhistoriker Manfred Bosch, geb. 1947.	Carnaby (Z. 15): Anspielung auf die bekannte Einkaufsstraße Carnaby Street in London Gauchero (Z. 27): Anspielung auf den südamerikanischen Viehhirt (Gaucho) aus der Marlboro-Werbung

Aufgaben und Fragen

<table>
<tr><th>Aufgaben/Fragen</th><th>Lösungen/Antworten</th><th>Pt.</th></tr>
<tr><td>1. Finden Sie mindestens ein Wort mit gleicher oder ähnlicher Bedeutung (Synonym). Schreiben Sie es so, dass es genau in den Text passt.</td><td><table>
<tr><td>barsche</td><td>Z. 13</td><td></td></tr>
<tr><td>Gehaltsrückstufung</td><td>Z. 14</td><td></td></tr>
<tr><td>Gelassenheit</td><td>Z. 20</td><td></td></tr>
<tr><td>morschen</td><td>Z. 24/25</td><td></td></tr>
</table></td><td>4</td></tr>
<tr><td>2. Beantworten Sie stichwortartig folgende Fragen.</td><td><table>
<tr><td>Was ist die Textfunktion?</td><td></td></tr>
<tr><td>Was ist die Textintention?</td><td></td></tr>
<tr><td>Was ist das Thema?</td><td></td></tr>
<tr><td>Was ist es für eine Textform?</td><td></td></tr>
</table></td><td>4</td></tr>
<tr><td>3. Worauf bezieht sich der Titel? Worauf bezieht er sich nicht? Antworten Sie in kurzen Sätzen.</td><td>..................
....
..................</td><td>2</td></tr>
<tr><td>4. Der Autor arbeitet mit Widersprüchen zwischen der realen Welt des Ich-Erzählers und den Versprechungen der Werbung. Ergänzen Sie die Gegenüberstellung.</td><td><table>
<tr><td>Abschnitt:</td><td>Wirklichkeit, reale Welt:</td><td>Welt der Werbung:</td></tr>
<tr><td>1</td><td>dünne, hellhörige Wände
defekte Brause</td><td>Mundwasser B., Lebenslust, wohlduftendes Duschgel</td></tr>
<tr><td>2</td><td>verstopfte Straßen
Abgase</td><td></td></tr>
<tr><td>3</td><td>barsche Chefworte
Gehaltsrückstufung</td><td></td></tr>
<tr><td>4</td><td>hohe unbezahlte Rechnungen (Schulden)</td><td></td></tr>
<tr><td>5</td><td>morsches Geländer
kaputte Treppe</td><td></td></tr>
</table></td><td>4</td></tr>
<tr><td>5. Zeitstruktur. Ergänzen Sie stichwortartig.</td><td><table>
<tr><td>Zeitliche Gliederung</td><td></td></tr>
<tr><td>Erzählte Zeit</td><td></td></tr>
<tr><td>Erzählzeit</td><td>rund 5 Minuten</td></tr>
<tr><td>Zeitsprünge in den Abschnitten 4 und 5</td><td>Ankommen zu Hause →</td></tr>
</table></td><td>3</td></tr>
<tr><td>6. Erklären Sie, was mit folgenden Sprachbildern gemeint ist.</td><td>»Es ist ein Tag zum Bäumeausreißen.« (Z. 8/9)
....
»… und alles Unbehagen ist wie weggesprudelt.« (Z. 16/17)
....
»… Rechnungen, die mich fast umhauen.« (Z. 18)
..................</td><td>3</td></tr>
</table>

18	Sachtext	Niveau: ●●	Datum:	Erreichte Punkte: von 22

Zeilen	
1	**Der neue BMW X5.**
2	**Mit dem besten xDrive aller Zeiten.**
3	**Der Boss ist da: der neue BMW X5. Seine Präsenz steht ihm ins Gesicht geschrieben – aufrecht,**
4	**kraftvoll und elegant. Die mächtige einteilige Doppelniere lässt erahnen, was passiert, wenn er tief**
5	**Luft holt. Und das geschärfte X Design der Scheinwerfer lässt keine Zweifel daran, wer die Führung**
6	**übernimmt. Ausgestattet mit neuen Technologien für mehr Sicherheit und höchste Fahrdynamik**
7	**auf jedem Untergrund, weiß der neue BMW X5, wo es langgeht. Und wie man als Erster ankommt.**
8	**DAS EXTERIEUR- UND INTERIEURDESIGN DES BMW X5.**
9	Typisch BMW X5 – jedes Detail ein Statement. Schon die Front mit der großen einteiligen, leicht hexagonal
10	geformten Niere, den markanten Scheinwerfern und den großen Lufteinlässen verrät, was auf einen zu-
11	kommt: Entschlossenheit auf 22" Leichtmetallrädern (optional). Das Interieur präsentiert sich mit dem Pano-
12	rama-Glasdach Sky Lounge von seiner besten Seite. Optional erhältliche edle Glaselemente setzen exklusive
13	Akzente, und das Ambiente Licht erschafft eine besondere Atmosphäre. Ein Flair, das mit den vier verschiede-
14	nen natürlichen Duftnoten des Ambient Air Pakets (optional) ganz individuell gestaltet werden kann. Für den
15	perfekten Klang unterwegs sorgt das Bowers & Wilkins Diamond Surround Sound System.
16	**PERFEKTES MANAGEMENT.**
17	Der Gepäckraum des BMW X5 bietet Komfort einer neuen Generation. Für bequemes Be- und Entladen
18	lassen sich der untere und obere Teil der geteilten Heckklappe vollelektrisch öffnen und schließen. In Verbin-
19	dung mit dem Komfortzugang genügt dazu eine kurze gerichtete Fußbewegung unterhalb des hinteren Stoß-
20	fängers. Das Gepäckraumpaket sorgt für Ordnung und Sicherheit: Mit dem Öffnen der Heckklappe fährt die
21	elektrische Gepäckraumabdeckung zurück und verschwindet auf Knopfdruck unter dem Einlegeboden, die
22	integrierten Gleit- und Antirutschschienen geben dem Gepäck unterwegs den nötigen Halt.
23	**KRAFTSTOFFVERBRAUCH UND CO_2-EMISSIONEN.**
24	Die offiziellen Angaben zu Kraftstoffverbrauch, CO_2-Emissionen und Stromverbrauch wurden nach dem
25	vorgeschriebenen Messverfahren VO (EU) 715/2007 in der jeweils geltenden Fassung ermittelt. Die Angaben
26	berücksichtigen bei Spannbreiten Unterschiede in der gewählten Rad- und Reifengröße. Bei diesem Fahrzeug
27	können für die Bemessung von Steuern und anderen fahrzeugbezogenen Abgaben, die (auch) auf den CO_2-
28	Ausstoß abstellen, andere als die hier angegebenen Werte gelten. BMW X5 xDrive40i: Kraftstoffverbrauch in
29	l/100 km (kombiniert): 8,7–8,5 CO_2-Emissionen in g/km (kombiniert): 197–193

Kontext, Hintergrund, Wortschatz

Werbetext für das BMW-Modell X5. Der BMW X5 ist ein SUV (Sport Utility Vehicle). Er ist seit 1999 auf dem Markt, inzwischen ist die vierte Generation erhältlich.	xDrive (Z. 2): Marke für das Allradantriebssystem von BMW, meist in Geländewagen, mit deutlichem Mehrverbrauch an Kraftstoff hexagonal (Z. 9): sechseckig, griechisch hexágōnos

Aufgaben und Fragen

Aufgaben/Fragen	Lösungen/Antworten	Pt.
1. Finden Sie mindestens ein Wort mit gleicher oder ähnlicher Bedeutung (Synonym). Schreiben Sie es so, dass es genau in den Text passt.	ein Statement – Z. 9 Optional erhältliche – Z. 12 Akzente – Z. 13 Ein Flair – Z. 13 CO_2-Emissionen – Z. 24	5
2. Beantworten Sie stichwortartig folgende Fragen.	Was ist es für eine Textform? Was ist die Textintention? Wer hat den Text verfasst? Was ist die Botschaft des ersten Abschnitts (Z. 3–7)? An wen ist die Botschaft gerichtet?	5
3. Beschreiben Sie die Zielgruppe.	☐ primär Männer ☐ primär Frauen ☐ Auto als Transportmittel ☐ Auto als Statussymbol ☐ sportliche Fahrer ☐ vorsichtige Fahrer ☐ eher Personen um die 20 Jahre ☐ eher Personen um die 40 Jahre	2 (je ½)
4. Im Text werden ein paar typische Elemente der Werbesprache verwendet. Nennen Sie je zwei Beispiele aus dem Text.	Elemente: / Beispiele: Personifizierung Superlative Wortwiederholungen Wörter, die das Besondere betonen	4 (je ½)
5. Im ersten Abschnitt steht die Werbung im Vordergrund, im letzten Abschnitt geht es um Information. Beschreiben Sie die Unterschiede.	Sprache, Stil und Wirkung in den Zeilen 3–7: ... Sprache, Stil und Wirkung in den Zeilen 23–29: ...	6

Zeilen

Wer kein Deutsch spricht, hat keine Stimme

1 »Wer kein Deutsch sprach, hatte keine Stimme, und wer bruchstückhaft sprach, wurde überhört. Anträge
2 wurden entsprechend der Schwere der Akzente bewilligt«, heißt es im Romandebüt »Der Russe ist einer, der
3 Birken liebt« von Olga Grjasnowa. Ihre Heldin und Ich–Erzählerin Mascha Kogan realisiert sehr schnell, dass
4 Sprachen Macht bedeuten. Und so verwundert es nicht, dass sie als ehrgeizige Mitzwanzigerin nicht nur flie-
5 ßend fünf Sprachen spricht, sondern auch noch Dolmetscherin werden will bei den Vereinten Nationen. [...]
6 Olga Grjasnowa setzt die Tradition der sogenannten deutschsprachigen Migrationsliteratur fort, allerdings
7 auf ihre ganz eigene Weise. Sie schreibt von jungen, gut ausgebildeten und politisch hellwachen Menschen,
8 die wegen eines fremdländischen Namens oder Aussehens gegen den alltäglichen Rassismus kämpfen.
9 Sie schreibt vom Bürgerkrieg in Aserbaidschan, den ihre Heldin als Kind miterlebt hat und der sie auch in
10 Deutschland heimsucht; sie schreibt von Liebe, Tod und Freundschaft und von einer Flucht nach Israel, an der
11 Mascha kläglich scheitert. [...]
12 Genau wie ihre Heldin ist auch Olga Grjasnowa eine Kosmopolitin, die als junge Frau bereits mehr erlebt hat
13 als andere während eines ganzen Lebens. 1984 als Tochter einer Klavierlehrerin und eines Anwalts in Baku
14 geboren, kam sie 1996 als sogenannter jüdischer Kontingentflüchtling in die hessische Provinz und sprach
15 kein Wort Deutsch. Doch sie lernte schnell, machte das Abitur in Frankfurt am Main, studierte zunächst
16 Kunstgeschichte und Slawistik in Göttingen, wechselte dann nach Leipzig, wo sie am Deutschen Literatur-
17 institut das Fach »Literarisches Schreiben« belegte und 2010 erfolgreich abschloss. Es folgten Studien-
18 aufenthalte in Polen, in Russland und Israel; seither studiert sie Tanzwissenschaften an der FU Berlin.
19 Die biografischen Eckdaten von Autorin und Romanheldin stimmen überein, vieles andere ist frei erfunden
20 oder klug nacherzählt aus Berichten anderer. Als literarische Figur ist Mascha immer dann überwältigend,
21 wenn sie ganz sie selbst ist. Etwa als sie sich daran erinnert, wie sie das erste Mal in ihrem Leben einen Kna-
22 ben in ihrem Alter gesehen hat, der bettelte und statt Beinen zwei Stümpfe hatte: »Ich war außer mir, denn
23 ich verstand, dass er weder einen Unfall gehabt hatte noch so geboren worden war.«
24 Der Roman »Der Russe ist einer, der Birken liebt« ist ein außergewöhnliches Debüt. Szenisch stark, wort- und
25 bildmächtig entwickelt Olga Grjasnowa einen Sog, der mitreißt in eine globalisierte Welt, die immer wieder
26 explosiv auf eine von Kleingeistigkeit und Misstrauen beherrschte Enge prallt.

Kontext, Hintergrund, Wortschatz

Der Artikel stammt aus der NZZ-Beilage »Bücher am Sonntag«, 24. Juni 2012. Verfasserin: Sandra Leis.

Migrationsliteratur (Z. 6): Literatur von Autoren und Autorinnen, deren Sichtweise von zwei oder mehreren Kulturen geprägt ist.
Baku (Z. 13): Hauptstadt von Aserbaidschan
Kontingentflüchtling (Z. 14): Flüchtlinge, die in festgelegter Anzahl (= Kontingent) gleichmäßig auf die deutschen Bundesländer verteilt wurden.
Slawistik (Z. 16): Wissenschaft von den slawischen Sprachen wie Russisch, Polnisch, Kroatisch u. a.
FU Berlin (Z. 18): Freie Universität Berlin

Aufgaben und Fragen

Aufgaben/Fragen	Lösungen/Antworten	Pt.
1. Finden Sie mindestens ein Wort mit gleicher oder ähnlicher Bedeutung (Synonym). Schreiben Sie es so, dass es genau in den Text passt.	Romandebüt – Z. 2 realisiert – Z. 3 Kosmopolitin – Z. 12 überwältigend – Z. 20 Sog – Z. 25	5
2. Beantworten Sie stichwortartig folgende Fragen.	Was ist es für eine Textform? Wer hat den Text verfasst? Was ist das Thema des Artikels? Wie beurteilt die Autorin den Roman?	4
3. Welches sind Parallelen zwischen der Autorin Olga Grjasnowa und der Romanfigur Mascha Kogan? Kreuzen Sie die korrekten Aussagen an. Erklären Sie, was bei den falschen Aussagen korrekt wäre.	A) ☐ Beide sind mehrsprachig und gut ausgebildet. B) ☐ Beide arbeiten als Schriftstellerinnen. C) ☐ Beide stammen ursprünglich aus demselben Land. D) ☐ Beide reisen gerne. E) ☐ Beide sind um die 40 Jahre alt. (Referenzjahr 2010) Buchstabe: – Korrekte Antwort:	5
4. Was ist gemeint mit den unterstrichenen Textstellen? Erklären Sie in eigenen Worten.	Wer kein Deutsch spricht, <u>hat keine Stimme</u> (Titel) Anträge wurden <u>entsprechend der Schwere der Akzente</u> bewilligt. (Z. 1/2) … Menschen, die wegen eines fremdländischen Namens oder Aussehens <u>gegen den alltäglichen Rassismus kämpfen</u>. (Z. 7/8) … Sog, der mitreisst in eine globalisierte Welt, <u>die immer wieder explosiv auf eine von Kleingeistigkeit und Misstrauen beherrschte Enge prallt</u>. (Z. 25/26)	8
5. Beschreiben Sie stichwortartig die Wortwahl, den Satzbau und den Schreibstil des Textes.	Wortwahl: Satzbau: Schreibstil:	3

Zeilen

Die Schädlinge

1 Sie sind ein Paar: der Korrupte und der Korrumpierte. Ihre Opfer bekommen sie kaum zu Gesicht.
2 Der typische Korruptionstäter ist gut bis sehr gut ausgebildet. Er ist ehrgeizig, investiert viel Zeit in seinen
3 Beruf und hat eine gewisse Macht in einem Unternehmen oder der Verwaltung. Seine Karriere musste er sich
4 hart erarbeiten. Die Disziplin, das Leistungsstreben und den Selbstverzicht verlangt er auch von seinen Unter-
5 gebenen. Als Vorgesetzter wird er als streng und penibel wahrgenommen. Diese Haltung bewirkt, dass ihm
6 unkorrektes Handeln nicht zugetraut wird. Im Privaten ist ein stetiger moderater Anstieg des Lebensstandards
7 zu beobachten, der sich auf hohem bis sehr hohem Niveau einpendelt. Sein Selbstverständnis erfolgt (fast)
8 ausschließlich über seine Arbeit und den gesellschaftlichen Status. So das Ergebnis einer Studie der Wissen-
9 schaftlerin Britta Bannenberg.
10 Zusätzliche Einnahmen aus Korruption sieht dieser Mensch als gerechten Lohn für persönlich erbrachte Opfer.
11 Er zeigt – das erleben Mitarbeiter der Justiz als das Frappierendste – kein Unrechtsbewusstsein. Weder der
12 Topmanager, der sich mit den Eliten eines Drittweltlandes dessen Rohstoffe unter den Nagel reißt, während
13 die wahren Eigentümer verelenden; noch der Kleinstadtpolitiker, der öffentliche Aufträge sich selbst oder
14 seinen Günstlingen zuschanzt und damit ein Gemeinwesen zersetzt.
15 Vielleicht liegt es im Wesen dieses Verbrechens. Korrumpierende und Korrumpierte sind brüderlich vereint im
16 gemeinsamen Vorteil, die Geschädigten weit weg, eine abstrakte Größe. Doch der Zusammenhang besteht:
17 Die Weltbank bezeichnet Korruption als das größte einzelne Hindernis für die wirtschaftliche und soziale Ent-
18 wicklung. Diese Schädlinge unterwandern Demokratien, höhlen Rechtsstaaten aus, vernichten die Umwelt,
19 bringen Hunger und Tod.

Auswirkungen von Korruption

20 Korruption und Korruptionsbekämpfung sind heute sowohl in Industriestaaten als auch in Entwicklungs-
21 ländern zentrale Themen. Korruption untergräbt die Rechtsstaatlichkeit und den Glauben an die Demokratie
22 und bewirkt in vielen Ländern einen Zorn der Massen gegen die Regierenden und andere Eliten. In der öf-
23 fentlichen Verwaltung und der Justiz führt Korruption einerseits zu hohen materiellen Schäden, andererseits
24 zu immateriellen Auswirkungen wie Vertrauensverlust der Bürger in staatliche Organe. So kann es beispiels-
25 weise zu Auftragsvergaben an Unternehmen kommen, obwohl sie teurere oder schlechtere Leistungen
26 erbringen als solche Unternehmen, die bei einer objektiven und transparenten Ausschreibung ausgewählt
27 würden. Die den Amtsträgern gewährten Vorteile werden in der Regel bei der Rechnungsstellung eingerech-
28 net. Deshalb werden dann Leistungen abgerechnet, die entweder gar nicht oder nicht in dem ausgewiesenen
29 Umfang erbracht wurden. Korruption führt weiter dazu, dass die Leistungen qualitativ schlechter werden, die
30 dafür zu entrichtenden Geldbeträge aber steigen. Nach Angaben der Weltbank muss durchschnittlich jeder
31 Mensch rund sieben Prozent seiner Arbeitsleistung für Korruptionsschäden aufbringen.

Kontext, Hintergrund, Wortschatz

»Die Schädlinge« ist ein Artikel aus der NZZ-Beilage »NZZ Folio«, 2013. Der Textausschnitt »Auswirkungen von Korruption« stammt aus dem Wikipedia-Artikel »Korruption«.	Britta Bannenberg (Z. 9): Professorin an der Justus-Liebig-Universität Gießen

Aufgaben und Fragen

<table>
<tr><th>Aufgaben/Fragen</th><th>Lösungen/Antworten</th><th>Pt.</th></tr>
<tr><td>1. Finden Sie mindestens ein Wort mit gleicher oder ähnlicher Bedeutung (Synonym). Schreiben Sie es so, dass es genau in den Text passt.</td><td><table>
<tr><td>penibel</td><td>Z. 5</td><td></td></tr>
<tr><td>moderater</td><td>Z. 6</td><td></td></tr>
<tr><td>das Frappierendste</td><td>Z. 11</td><td></td></tr>
<tr><td>verelenden</td><td>Z. 13</td><td></td></tr>
<tr><td>unterwandern</td><td>Z. 18</td><td></td></tr>
<tr><td>gewährten</td><td>Z. 27</td><td></td></tr>
</table></td><td>6</td></tr>
<tr><td>2. Im ersten Text werden diverse Eigenschaften korrupter Personen genannt. Nennen Sie vier weitere.</td><td>Eigenschaften: gut ausgebildet / penibel / streng</td><td>2
(je ½)</td></tr>
<tr><td>3. Worauf stützt sich die Autorin bei ihrer Charakterisierung von korrupten Personen?</td><td></td><td>2</td></tr>
<tr><td>4. Was meint die Autorin mit diesem Satz?</td><td>»Korrumpierende und Korrumpierte sind brüderlich vereint im gemeinsamen Vorteil, die Geschädigten weit weg, eine abstrakte Größe.« (Z. 15/16)</td><td>3</td></tr>
<tr><td>5. Welche Folgen von Korruption werden im zweiten Text genannt? Ergänzen Sie die Tabelle.</td><td><table>
<tr><td>Korruption …</td><td>Zeilen:</td></tr>
<tr><td>untergräbt den Rechtsstaat.</td><td>21</td></tr>
<tr><td>schwächt die Demokratie.</td><td>21</td></tr>
<tr><td></td><td></td></tr>
<tr><td></td><td></td></tr>
<tr><td></td><td></td></tr>
<tr><td></td><td></td></tr>
</table></td><td>4</td></tr>
<tr><td>6. Erklären Sie die Ausführungen in den Zeilen 24 (So kann es …) bis 27 (… eingerechnet), indem Sie den Inhalt in eigenen Worten wiedergeben.</td><td></td><td>4</td></tr>
<tr><td>7. Im ersten Text verwendet die Autorin das Wort »Schädlinge«. Ergänzen Sie das Wortfeld mit vier Synonymen.</td><td>Begriff aus der Tier- und Pflanzenwelt
Schädlinge</td><td>4</td></tr>
</table>

Zeilen	
	Pädagoge Schnüriger
1	Wenn man Alec Schnüriger (6) fragt, was er werden wolle, sagt er wie aus der Pistole geschossen: »General
2	Manager«. Dann lacht Gustav Schnüriger (42, General Manager) stolz, und die, die gefragt haben, lachen
3	mit. Carla Schnüriger schüttelt den Kopf, und Jeno Schnüriger (4) fragt: »Was ist General Manager?«
4	»Der Höchste«, antwortet dann jeweils Alec, und die Erwachsenen lachen wieder.
5	Gustav Schnüriger ist ein vielbeschäftigter Mann. Kaum ein Abend, an dem er zum Nachtessen zu Hause ist.
6	Und wenn, dann meistens mit Geschäftsgästen. Kaum ein Wochenende, an dem er nicht entweder unter-
7	wegs oder im Büro oder todmüde ist. Er hat also nicht viel Zeit für die Kinder, aber die Zeit, die er ihnen
8	widmet, ist von hoher *Quality*.
9	Zum Beispiel nimmt er sie manchmal an Wochenenden mit ins Büro. Wie viele Väter tun das? Wie viele Kin-
10	der besitzen schon im zarten Alter von vier und sechs eine präzise Vorstellung von dem, was der Vater macht,
11	wenn er nicht zu Hause ist?
12	Jeno, der Jüngere, interessiert sich mehr für das Handfeste: den Wagenpark, die Verladerampen, die Hub-
13	stapler, die Abfüllanlagen. Schnüriger hofft, dass das eine vorübergehende Vorliebe für das Handwerkliche
14	ist. Aber Alec ist fasziniert vom Unternehmerischen. Während Jeno sich bei den Führungen durch das ver-
15	waiste Verwaltungsgebäude auf jeden Locher, Bostitch und Büroklammern-Magneten stürzt, bewegen Alec
16	die strukturellen Fragen.
17	»Ist der Mann, der in diesem Büro arbeitet, höher als die Frau, die im kleinen Büro daneben arbeitet?« Oder:
18	»Wer verdient mehr, der Mann mit dem großen Stuhl mit der hohen Lehne oder der Mann mit dem kleinen
19	Stuhl?«
20	Alec entwickelt so sehr schnell ein Gespür für Organigramme und Hierarchien, während Jeno lange Zeit nicht
21	vom Berufswunsch ›Bohnermaschinenführer‹ abzubringen ist, seit sie an einem Samstagvormittag in der
22	Disposition einer Putztruppe begegnet sind.
23	Die Interessen der beiden Sprösslinge treffen sich jeweils in Schnürigers Büro: Alec sitzt im dreifach verstell-
24	baren Chefsessel und trifft Entscheidungen, Jeno bedient die Verstellhebel. Die Stunde oder so, die die beiden
25	mit diesem Spiel beschäftigt sind, nutzt Schnüriger für die Erledigung einiger dringender Pendenzen.
26	So schafft es Gustav Schnüriger bei aller beruflichen Belastung doch, seinen Söhnen Vater und Identifikations-
27	figur zu sein. Beiden auf ihre Weise.
28	Auch an den Abenden, wenn Schnürigers Gäste empfangen, lässt er sie teilhaben. Nie müssen sie ins Bett,
29	bevor nicht alle eingetroffen sind. Die meisten bringen etwas mit für die Kleinen.
30	Den Thalmanns (er ist Marketingleiter eines bedeutenden Abnehmers von Schnüriger) passiert dabei ein Miss-
31	geschick: Sie wissen nicht, dass ihre Gastgeber *zwei* Söhne haben – Schnüriger hat immer nur den älteren
32	erwähnt – und bringen nur *einen* Schoggi-Osterhasen mit. Gustav Schnüriger rettet die Situation: »Das ist
33	doch großartig. Eine richtige Management-Aufgabe. Das passiert dem Papi und dem Herrn Thalmann auch
34	manchmal. Es kommt weniger herein, als du budgetiert hast. Wie löst du das Problem, Alec? Jetzt kannst du
35	mal zeigen, ob du das Zeug zum Manager hast.«
36	Eine halbe Stunde später kommt Jeno laut weinend ins Esszimmer. »Alec hat mich entlassen«, schluchzt er.

Kontext, Hintergrund, Wortschatz

Der Text stammt vom Schweizer Schriftsteller Martin Suter, geb. 1948, und ist ein Auszug aus Suters Publikation »Business Class. Geschichten aus der Welt des Managements«.

Bostitch (Z. 15): Schweizer Ausdruck für Hefter, Tacker
Bohnermaschine (Z. 21): Gerät zum Reinigen von Böden, bohnern = glänzend machen
Disposition (Z. 22): Warenlager und -auslieferung
Pendenzen (Z. 25): Unerledigtes/unerledigte Aufgaben
Schoggi-Osterhasen (Z. 32): Osterhasen aus Schokolade (Schweizer Mundart)

Aufgaben und Fragen

Aufgaben/Fragen	Lösungen/Antworten	Pt.
1. Finden Sie mindestens ein Wort mit gleicher oder ähnlicher Bedeutung (Synonym). Schreiben Sie es so, dass es genau in den Text passt.	verwaiste – Z. 14/15 strukturellen Fragen – Z. 16 Organigramme – Z. 20 Hierarchien – Z. 20 Sprösslinge – Z. 23	5
2. Beantworten Sie stichwortartig folgende Fragen.	Welche Personen kommen vor? Wer sind die Aktiven, wer die Passiven? Welches sind die Handlungsorte? Was fällt auf bei der Wortwahl?	4
3. Beantworten Sie folgende Fragen in kurzen Sätzen und/oder mit Stichworten.	Wie ist die Beziehung zwischen dem Vater und Sohn Alec? Wie verhält sich Alec? Was sagt die Problemlösung mit dem Schoggi-Osterhasen über die Beziehung von Alec zu seinem Bruder Jeno aus? Worin hätte eine konstruktive Lösung bestanden?	4
4. Der Autor erzählt die Geschichte mit ironischer Distanz. Worin besteht die Ironie der zitierten Textstellen?	Textstelle: – Ist ironisch gemeint, denn… Pädagoge Schnüriger (Titel) » … aber die Zeit, die er ihnen widmet, ist von hoher *Quality*.« (Z. 7/8)	2
5. Welches Sprichwort passt am besten zur Schlusspointe? Begründen Sie Ihre Wahl mit einem kurzen Satz.	☐ Wer anderen eine Grube gräbt, fällt selbst hinein. ☐ Früh übt sich, was ein Meister werden will. ☐ Der Apfel fällt nicht weit vom Stamm. ☐ Wie du mir, so ich dir. Begründung:	2
6. Kreuzen Sie die passenden Antworten an.	Der Autor zeigt mit der Geschichte auf, ☐ wie man Kinder zu erfolgreichen Managern erzieht. ☐ dass die Mutter für die Kindererziehung am wichtigsten ist. ☐ dass Management und Erziehung nicht dasselbe sind. ☐ was geschieht, wenn die Väter zu viel arbeiten. ☐ was die Folgen einer nicht kindgerechten Erziehung sein können.	2

Zeilen

Geht vor die Tür!

Ein Plädoyer für den Einkaufsbummel

1 Ich lasse mir gern Sachen liefern; das finde ich bequem. Nicht viel, nur das Übliche. Ersatzteile, für
2 die ich sonst durch die halbe Stadt fahren müsste. Weine vom Online-Discounter, günstiger als im
3 Laden. Geschenke, schon fertig verpackt; ich bin nicht geschickt in so was. Dann natürlich manchmal
4 Kleidung, Essen, Unterhaltung. Den Rechner, auf dem ich dies schreibe. Den Tee, den ich dazu trinke.
5 Ich habe mir nie etwas dabei gedacht. Lauter kleine Kaufentscheidungen, aus den unterschiedlichsten
6 Gründen. Aber sie haben alle mein Leben verändert – und unsere Gesellschaft auf den Kopf gestellt.
7 Früher war ich mehr unterwegs. An einem normalen Samstag fuhr ich in die Stadt. Bummelte durch
8 die Läden, aß einen Happen, ging später vielleicht noch ins Kino. Das gleiche Programm heute: Zalan-
9 do, Netflix, Foodora. Die Welt kommt zu mir. Ich hatte nie darum gebeten. Aber ist das nicht der Traum
10 vom Schlaraffenland – Zugriff auf alle Ressourcen? Und träumt ihn die Menschheit nicht schon seit den
11 Tagen der Jäger und Sammler, die sicher auch lieber grillten und aßen als sammelten und jagten?
12 Dank des Online-Handels sind wir nun am Ziel. Wir können praktisch alles haben, ohne unser Heim zu
13 verlassen. Die Werbung verspricht ein entspannteres, ein selbstbestimmteres Leben. Die Frage ist bloß,
14 wie bei jedem Paket: Ist wirklich drin, was wir wollten? Und wer bezahlt das Porto?
15 Internethändler und Streamingdienste locken uns in eine neue Häuslichkeit, ein digitales Biedermeier.
16 Und das Angebot hat seinen Charme, gerade für gestresste Städter. Wir haben uns daran gewöhnt,
17 die Welt »da draußen« als lästig wahrzunehmen. Eine Sphäre, die uns ihren Zwängen unterwirft. Die
18 Samstage damals in der Stadt kommen mir heute vor wie Filme voller Werbepausen. Das Parkplatzsu-
19 chen, das Tütenschleppen, das Warten an der Kasse… Da ging schon mal ein Tag drauf für den Kauf
20 der neuen Jeans. Und wehe, sie gefiel zu Hause nicht mehr – noch mal drei Stunden beim Teufel. All
21 das fällt weg, wenn wir online bestellen. Wir gewinnen Zeit für das, was wir wirklich wollen. So den-
22 ken wir zumindest.
23 Aktiver machen die gewonnenen Stunden uns allerdings nicht. Nach Erhebung des Statistischen
24 Bundesamts verbringen die Deutschen mehr Zeit als früher mit Fernsehen, mit Ausruhen und vor
25 allem natürlich mit Smartphone und Computer. Auf der anderen Seite: weniger Geselligkeit, weniger
26 Spaziergänge, weniger Kultur. Wir werden ein Volk von Stubenhockern. Wenn mal einer spontan vor
27 die Tür geht, hat ihn wahrscheinlich die Fitness-App dazu ermahnt. Wir entschleunigen also, netter
28 gesagt – und beschleunigen andere damit. Eine Armee von Boten schwitzt für uns; und doch kommen
29 wir nicht zur Ruhe. […]
30 Da ist sie, die lästige Welt »da draußen«, zwischen uns auf der Couch. Und wir haben sie hereingelas-
31 sen. Wir haben unsere Wohnzimmer in Marktplätze verwandelt und klagen nun über den Lärm. Wir
32 lassen eine Pizza vom anderen Ende der Stadt herbeischaffen und verstehen nicht, warum sie kalt ist.
33 Das Internet schickt Daten blitzschnell um die Welt, ohne Verluste und praktisch umsonst. Dann geht
34 das doch genauso gut bei den Waren, die wir dort bestellen. Die Wege, die wir uns ersparen – wir
35 glauben gern, sie seien wirklich verschwunden. Die Lieferanten arbeiten hart daran, diese Illusion zu
36 nähren. Immer mehr wird kostenfrei verschickt, immer schneller wird zugestellt. Der Amazon-Chef
37 Jeff Bezos denkt über Paketdrohnen nach. Dann flögen uns die gebratenen Tauben tatsächlich in den
38 Mund.

Kontext, Hintergrund, Wortschatz

Der Artikel stammt aus der deutschen Wochenzeitung »DIE ZEIT«. Verfasser: Michael Allmaier.

(digitales) Biedermeier (Z. 15): Biedermeier war eine Kunstepoche zwischen 1815–1848. Die Epoche wird oftmals negativ als spießig und kleinbürgerlich bewertet.

Aufgaben und Fragen

<table>
<tr><th>Aufgaben/Fragen</th><th>Lösungen/Antworten</th><th>Pt.</th></tr>
<tr><td>1. Finden Sie mindestens ein Wort mit gleicher oder ähnlicher Bedeutung (Synonym). Schreiben Sie es so, dass es genau in den Text passt.</td><td>Bummelte | Z. 7
Ressourcen | Z. 10
praktisch | Z. 12
Charme | Z. 16
Sphäre | Z. 17
herbeischaffen | Z. 32</td><td>6</td></tr>
<tr><td>2. Beantworten Sie stichwortartig folgende Fragen.</td><td>Was ist das Thema?
Wessen Meinung kommt im Text vor?
Was ist die Schreibabsicht?
Was ist ein Plädoyer?</td><td>4</td></tr>
<tr><td>3. Im Text werden verschiedene positive und negative Aspekte des Online-Handels erwähnt. Nennen Sie je vier.</td><td>Positive Aspekte: | Negative Aspekte:</td><td>4
(je ½)</td></tr>
<tr><td>4. Das Thema »bequemes, leichtes Leben« kommt an mehreren Stellen vor. Finden Sie zwei andere Textstellen.</td><td>»Aber ist das nicht der Traum vom Schlaraffenland?« (Z. 9/10)</td><td>2</td></tr>
<tr><td>5. Im Text finden sich Passagen mit kritischem Unterton. Nennen Sie zwei weitere Stellen in den Zeilen 7–17.</td><td>kritischer Unterton: | Zeilen:
»… die sicher auch lieber grillten und aßen als sammelten und jagten?« | 11</td><td>4</td></tr>
<tr><td>6. Erklären Sie mit eigenen Worten, was mit den zitierten Sprachbildern gemeint ist.</td><td>»… und unsere Gesellschaft auf den Kopf gestellt.« (Z. 6)
Bedeutung: ....
»Die Welt kommt zu mir.« (Z. 9)
Bedeutung: ....
»Und wer bezahlt das Porto?« (Z. 14)
Bedeutung: ....
»Eine Armee von Boten schwitzt für uns …« (Z. 28)
Bedeutung: ....</td><td>4</td></tr>
</table>

23	Literatur	Niveau: ●	Datum:	Erreichte Punkte: von 19

Zeilen	
	Die drei Söhne
1	Drei Frauen wollten Wasser holen am Brunnen. Nicht weit davon saß ein Greis auf einer Bank und hörte zu,
2	wie die Frauen ihre Söhne lobten.
3	»Mein Sohn«, sagte die erste, »ist so geschickt, dass er alle hinter sich lässt …«
4	»Mein Sohn«, sagte die zweite, »singt so schön wie die Nachtigall! Es gibt keinen, der eine so schöne Stim-
5	me hat wie er.«
6	»Und warum lobst du deinen Sohn nicht?«, fragten sie die dritte, als diese schwieg.
7	»Ich habe nichts, wofür ich ihn loben könnte«, entgegnete sie. »Mein Sohn ist nur ein gewöhnlicher Knabe.
8	Er hat etwas Besonderes weder an sich noch in sich …«
9	Die drei Frauen füllten ihre Eimer und gingen heim. Der Greis ging langsam hinter ihnen her. Die Eimer waren
10	schwer und die abgearbeiteten Hände schwach. Deshalb machten die Frauen eine Ruhepause, denn der
11	Rücken tat ihnen weh …
12	Da kamen ihnen drei Knaben entgegen. Der erste stellte sich auf die Hände und schlug Rad um Rad – und
13	die Frauen riefen: »Welch ein geschickter Junge!« Der zweite sang so herrlich wie die Nachtigall, und die
14	Frauen lauschten andachtsvoll und mit Tränen in den Augen.
15	Der dritte Knabe lief zu seiner Mutter, hob die Eimer und trug sie heim …
16	Da fragten die Frauen den Greis: »Was sagst du zu unseren Söhnen?«
17	»Wo sind eure Söhne?«, fragte der Greis verwundert. »Ich sehe nur einen einzigen Sohn!«

Kontext, Hintergrund, Wortschatz

»Die drei Söhne« ist eine Parabel von Leo Tolstoi, russischer Schriftsteller, 1828–1910.	

Aufgaben und Fragen

<table>
<tr><th>Aufgaben/Fragen</th><th>Lösungen/Antworten</th><th>Pt.</th></tr>
<tr><td>1. Finden Sie mindestens ein Wort mit gleicher oder ähnlicher Bedeutung (Synonym). Schreiben Sie es so, dass es genau in den Text passt.</td><td>
<table>
<tr><td>Greis</td><td>Z. 1</td><td></td></tr>
<tr><td>gewöhnlicher</td><td>Z. 7</td><td></td></tr>
<tr><td>etwas Besonderes</td><td>Z. 8</td><td></td></tr>
<tr><td>Eimer</td><td>Z. 9</td><td></td></tr>
<tr><td>andachtsvoll</td><td>Z. 14</td><td></td></tr>
</table>
</td><td>5</td></tr>
<tr><td>2. Fassen Sie den Inhalt der Parabel in ein paar kurzen Sätzen zusammen. Verzichten Sie dabei auf direkte Rede.</td><td></td><td>4</td></tr>
<tr><td>3. Welche Funktion hat der Greis?</td><td></td><td>2</td></tr>
<tr><td>4. Welche Erkenntnis passt am besten zur Parabel?</td><td>☐ Eltern sollten mit dem Können ihrer Kinder nicht angeben.
☐ Ältere Menschen können Kinder am besten beurteilen.
☐ Der wahre Wert eines Menschen zeigt sich vor allem darin, was er für andere tut.</td><td>1</td></tr>
<tr><td>5. Kreuzen Sie die zwei korrekten Aussagen an.
Erklären Sie, was bei den falschen Aussagen korrekt wäre.</td><td>A) ☐ Die Geschichte wird chronologisch erzählt.
B) ☐ Der Text besteht mehrheitlich aus Erzählbericht.
C) ☐ Der Erzähler der Parabel ist in der Geschichte präsent.
D) ☐ Die erzählte Zeit umfasst circa eine halbe Stunde.
<table>
<tr><td>Buchstabe:</td><td>Korrekte Antwort:</td></tr>
<tr><td></td><td></td></tr>
<tr><td></td><td></td></tr>
</table>
</td><td>4</td></tr>
<tr><td>6. Parabel. Streichen Sie die nicht passenden Begriffe durch.</td><td>Die Parabel wird auch Fabel/Gleichnis genannt. Es handelt sich dabei meist um kurze Geschichten. Die Absicht besteht darin, die Leserinnen und Leser über moralische Werte/gesetzliche Normen nachdenken zu lassen. Viele parabelähnliche Geschichten in Form von Gleichnissen findet man in wissenschaftlichen/religiösen Schriften. Die meisten Parabeln sind in einer einfachen/eher komplizierten Sprache mit viel Dialog/Monolog verfasst und enden oftmals mit einem direkt oder indirekt ausgesprochenen Fazit/Moralurteil.</td><td>3
(je ½)</td></tr>
</table>

24	Literatur	Niveau: ●●●	Datum:	Erreichte Punkte: von 26

Zeilen	
	Frühling
1	In dämmrigen Grüften
2	Träumte ich lang
3	Von deinen Bäumen und blauen Lüften,
4	Von deinem Duft und Vogelgesang.
5	Nun liegst du erschlossen
6	In Gleiß und Zier
7	Von Licht übergossen
8	Wie ein Wunder vor mir.
9	Du kennst mich wieder,
10	Du lockest mich zart
11	Es zittert durch all meine Glieder
12	Deine selige Gegenwart.
	Entfremdung
13	In den Bäumen kann ich keine Bäume mehr sehen.
14	Die Äste haben nicht die Blätter, die sie in den Wind halten.
15	Die Früchte sind süß, aber ohne Liebe.
16	Sie sättigen nicht einmal.
17	Was soll nur werden?
18	Vor meinen Augen flieht der Wald,
19	vor meinem Ohr schließen die Vögel den Mund,
20	für mich wird keine Wiese zum Bett.
21	Ich bin satt vor der Zeit
22	und hungre nach ihr.
23	Was soll nur werden?
24	Auf den Bergen werden nachts die Feuer brennen.
25	Soll ich mich aufmachen, mich allem wieder nähern?
26	Ich kann in keinem Weg mehr einen Weg sehen.

Kontext, Hintergrund, Wortschatz

Das Gedicht »Frühling« stammt vom deutsch-schweizerischen Schriftsteller Hermann Hesse (1877–1962). Das Gedicht entstand 1899. »Entfremdung« stammt von der österreichischen Schriftstellerin Ingeborg Bachmann (1926–1973). Erstveröffentlichung Winter 1948/1949.	In Gleiß und Zier (Z. 6): In Glanz und (voller) Pracht

Aufgaben und Fragen

<table>
<tr><th>Aufgaben/Fragen</th><th>Lösungen/Antworten</th><th>Pt.</th></tr>
<tr><td>1. Finden Sie mindestens ein Wort mit gleicher oder ähnlicher Bedeutung (Synonym). Schreiben Sie es so, dass es genau in den Text passt.</td><td><table><tr><td>Grüften</td><td>Z. 1</td><td></td></tr><tr><td>erschlossen</td><td>Z. 5</td><td></td></tr><tr><td>selige</td><td>Z. 12</td><td></td></tr><tr><td>sättigen</td><td>Z. 16</td><td></td></tr></table></td><td>4</td></tr>
<tr><td>2. Vergleichen Sie die Gedichte. Welches sind die unterschiedlichen Themen? Ergänzen Sie.</td><td><table><tr><td>Themen in »Frühling«:</td><td></td><td>Themen in »Entfremdung«:</td></tr><tr><td>…………</td><td>↔</td><td>Naturentfremdung</td></tr><tr><td>innere Harmonie</td><td>↔</td><td>…………</td></tr><tr><td>Klarheit</td><td>↔</td><td>…………</td></tr><tr><td>…………</td><td>↔</td><td>Lebensmüdigkeit</td></tr></table></td><td>4</td></tr>
<tr><td>3. Vergleichen Sie die Stimmung. Nennen Sie je drei passende Adjektive und zitieren Sie je drei Textstellen.</td><td><table><tr><td>Stimmung in »Frühling«:</td><td>Stimmung in »Entfremdung«:</td></tr><tr><td>Textstellen:</td><td>Textstellen:</td></tr></table></td><td>6
(je ½)</td></tr>
<tr><td>4. In beiden Gedichten wird die Natur personifiziert. Zitieren Sie je eine Textstelle dazu.</td><td>Personifizierung im Hesse-Gedicht: …………
Personifizierung im Bachmann-Gedicht: …………</td><td>2</td></tr>
<tr><td>5. Mit welchen sprachlichen Mitteln wird die Verbundenheit mit der Natur bzw. die Trennung von der Natur ausgedrückt?</td><td>Verbundenheit im Hesse-Gedicht: …………
…………
Trennung im Bachmann-Gedicht: …………
…………</td><td>2</td></tr>
<tr><td>6. Beschreiben Sie in kurzen Sätzen die Beziehung des lyrischen Ichs zur Natur.</td><td>Hesse-Gedicht: …………
…………
Bachmann-Gedicht: …………
…………</td><td>4</td></tr>
<tr><td>7. Ergänzen Sie die Tabelle zur formalen Analyse der beiden Gedichte.</td><td><table><tr><td>Formelemente:</td><td>»Frühling«:</td><td>»Entfremdung«:</td></tr><tr><td>Strophen und Verszeilen</td><td></td><td>3 mit variierender Anzahl Verszeilen</td></tr><tr><td>Endreime, Reimschema</td><td>regelmäßiger Kreuzreim (ABAB)</td><td></td></tr><tr><td>Klang der Wörter</td><td></td><td>hart (kann ich keine Bäume mehr sehen.)</td></tr><tr><td>Rhythmus</td><td>gleichmäßig harmonisch</td><td></td></tr></table></td><td>4</td></tr>
</table>

25	Sachtext	Niveau: ●	Datum:	Erreichte Punkte: von 25

Zeilen	
	Duftende Marken
1	Da ist dieser Geruch. Als wäre gerade eine parfümierte Frau vorbeigelaufen. Er ist überall in der geräumigen
2	Hotellobby: bei den Aufzügen, in der Leseecke, bei den Sesseln im überdachten Lichthof. Blumig, frisch, süß,
3	dennoch unaufdringlich. Besonders deutlich ist der Duft direkt vor dem Tresen der Rezeption zu riechen.
4	Ein Blick nach oben verrät, wieso: Dort sind die Gitter der Belüftungsanlage, hier strömt frische Luft in den
5	Raum – und mit ihr die Duftmoleküle. Es ist ein Duft, den die Swissôtel-Kette eigens für ihr Haus in Berlin
6	entwickelt hat. Jedes Swissôtel weltweit hat ein eigenes Raumparfüm. Der Grundduft ist immer gleich, die
7	Variation wird an jede Stadt angepasst. Für Berlin etwa ist zusätzlich Lindenblütengeruch beigemischt. Das
8	Hotel verdeutlicht einen Trend: Unternehmen setzen inzwischen gern Gerüche ein, um Kunden an ihre Marke
9	zu binden. »Duftmarketing« nennen das die Betriebswirtschaftler. Denn inzwischen sind auch bei den Ma-
10	nagern Erkenntnisse der Neurowissenschaften angekommen. Hirnforscher wissen schon lange, dass Gerüche
11	sehr viel direkter Gefühle und Erinnerungen beeinflussen als die anderen Sinne. Sie wirken unmittelbar auf
12	das limbische System, das unsere Emotionen steuert. Und Ereignisse, die mit starken Gefühlen verknüpft
13	sind, bleiben sehr viel besser im Gedächtnis haften. Jeder hat schon einmal erlebt, wie Gerüche Erinnerun-
14	gen zurückbringen. Etwa wenn eine bestimmte Seife einen schlagartig in die Geborgenheit von Omas Haus
15	zurückversetzt. […]
16	»Edeka« testete in einem Markt ein neues Konzept. Alle Sinne sollten angesprochen werden, um den Kun-
17	den zum Verweilen zu verführen: Wohlfühlmusik kommt aus den Lautsprechern, an vielen Orten lagen kleine
18	Probier-Häppchen zum Kosten bereit – und Holzlaminat ermöglichten ein angenehmeres Schreiten als die
19	üblichen Fliesen. Außerdem: Spender an der Decke verströmten eine Duftmischung aus Rosenholz, Orange
20	und Lavendel. Das sollte den Kunden in eine wohlige Stimmung versetzen. Mit Erfolg: Besucher empfanden
21	den so eingerichteten Laden als sehr wertig und angenehm – und gaben auch mehr Geld aus. […]
22	Gerüche wirken sich also direkt auf unsere Bereitschaft aus, Geld auszugeben. Den Effekt hatte erstmals
23	1995 der US-Neurowissenschaftler Alan Hirsch nachweisen können. Er ließ ein Wochenende lang in einem
24	Casino in Las Vegas bei den Glücksspielautomaten angenehme Düfte verströmen. Das Ergebnis war beein-
25	druckend: Mit Automaten, die in der Duftwolke waren, wurden im Schnitt 45 Prozent mehr Dollar eingenom-
26	men als üblich. Nicht jeder lässt sich gleichermaßen von Düften verführen. Die Marketing-Wissenschaftlerin
27	Maureen Morrin von der Rutgers-Universität in New Jersey untersuchte 2005 in einem Einkaufszentrum, wie
28	verschiedene Shopping-Typen auf Manipulationen reagieren. Menschen, die eher impulsiv eine Kaufentschei-
29	dung treffen, sprechen nicht besonders auf Düfte an. Sie reagieren vor allem auf Musik im Geschäft. Anders
30	die Menschen, die viel überlegen, bevor sie Geld ausgeben: Gegen den vordergründig auffälligen Reiz der
31	Musik sind sie weitgehend immun – aber Gerüche, die eher unterschwellig wirken, brachten sie eher dazu,
32	sich zum Kaufen durchzuringen.

Kontext, Hintergrund, Wortschatz

Der Artikel »Duftende Marken« stammt von der Website dasgehirn.info. Verfasser: Ragnar Vogt.

Duftmoleküle (Z. 5): chemisch verbundene duftende Teilchen, die von der Nase wahrgenommen werden

Neurowissenschaften (Z. 10): untersucht die Zusammenhänge im Nervensystem und Gehirn

limbische System (Z. 12): Teil des Gehirns, das u. a. für das Verarbeiten von Emotionen zuständig ist.

»Edeka« (Z. 16): Edeka-Gruppe (EDEKA), genossenschaftlich kooperativer Unternehmensverband im deutschen Einzelhandel

Aufgaben und Fragen

Aufgaben/Fragen	Lösungen/Antworten	Pt.
1. Finden Sie mindestens ein Wort mit gleicher oder ähnlicher Bedeutung (Synonym). Schreiben Sie es so, dass es genau in den Text passt.	Hotellobby – Z. 2 – unaufdringlich – Z. 3 – Variation – Z. 7 – wohlige – Z. 20 – Manipulationen – Z. 28 – immun – Z. 31 –	6
2. Beantworten Sie stichwortartig folgende Fragen.	Was ist das Thema? Was ist die Textintention? Was ist es für eine Textform?	3
3. Was können Düfte bewirken? Nennen Sie drei weitere Effekte, die im Text erwähnt sind.	Sie können Kundinnen und Kunden an eine bestimmte Marke binden. (Z. 8/9) …………… …………… ……………	3
4. Die Marketing-Wissenschaftlerin Maureen Morrin unterscheidet zwei verschiedene Shopping-Typen. Welche? Worauf reagieren sie?	Shopping-Typ A: …………… – Reagiert auf: …………… Shopping-Typ B: …………… – Reagiert auf: ……………	2 (je ½)
5. Wie ist der Text aufgebaut? Ordnen Sie die entsprechenden Zeilen zu.	Konkrete Anwendung des Duftmarketings – Zeilen: …………… Forschungsergebnisse aus den USA – Zeilen: …………… Atmosphärisches (persönliches Erlebnis) – Zeilen: …………… Neurowissenschaftliche Hintergründe – Zeilen: …………… Feldversuch (Test) in Deutschland – Zeilen: ……………	5
6. Wie ist der Titel zu verstehen?	…………… …………… ……………	2
7. Der Autor verwendet häufig den Doppelpunkt mit der Ankündigungsfunktion. Was wird angekündigt? Setzen Sie die vier passenden Begriffe in die rechte Spalte ein.	Doppelpunkt: – Der Doppelpunkt kündigt an: Zeile 2 – Zeile 4 – Zeilen 8, 19, 30 – Zeilen 20, 25 – Auswahl: Resultate / Aufzählung / direkte Rede / Ergänzungen / Zitat / Grund	4

Zeilen	
	Homo faber
1	Ich bin gewohnt, allein zu reisen. Ich lebte, wie jeder wirkliche Mann, in meiner Arbeit. Im Gegenteil, ich will
2	es nicht anders und schätze mich glücklich, allein zu wohnen, meines Erachtens der einzigmögliche Zustand
3	für Männer, ich genieße es, allein zu erwachen, kein Wort sprechen zu müssen. Wo ist die Frau, die das
4	begreift? Schon die Frage, wie ich geschlafen habe, verdrießt mich, weil ich in Gedanken schon weiter bin,
5	gewohnt, voraus zu denken, nicht rückwärts zu denken, sondern zu planen. Zärtlichkeiten am Abend, ja,
6	aber Zärtlichkeiten am Morgen sind mir unerträglich, und mehr als drei oder vier Tage zusammen mit einer
7	Frau war für mich, offen gestanden, stets der Anfang der Heuchelei, Gefühle am Morgen, das erträgt kein
8	Mann. Dann lieber Geschirr waschen!
9	[…]
10	Ich bin nicht zynisch. Ich bin nur, was Frauen nicht vertragen, durchaus sachlich. Ich bin kein Unmensch, wie
11	Ivy behauptet, und sage kein Wort gegen die Ehe; meistens fanden die Frauen selbst, daß ich mich nicht
12	dafür eigne. Ich kann nicht die ganze Zeit Gefühle haben. Alleinsein ist der einzigmögliche Zustand für mich,
13	denn ich bin nicht gewillt, eine Frau unglücklich zu machen, und Frauen neigen dazu, unglücklich zu werden.
14	Ich gebe zu: Alleinsein ist nicht immer lustig, man ist nicht immer in Form. Übrigens habe ich die Erfahrung
15	gemacht, daß Frauen, sobald unsereiner nicht in Form ist, auch nicht in Form bleiben; sobald sie sich langwei-
16	len, kommen die Vorwürfe, man habe keine Gefühle. Dann, offen gestanden, langweile ich mich noch lieber
17	allein. Ich gebe zu: auch ich bin nicht immer für Television aufgelegt (obschon überzeugt, dass die Television
18	in den nächsten Jahren auch noch besser wird, nebenbei bemerkt) und Stimmungen ausgeliefert, aber gera-
19	de dann begrüße ich es, allein zu sein. Zu den glücklichsten Minuten, die ich kenne, gehört die Minute, wenn
20	ich eine Gesellschaft verlassen habe, wenn ich in meinem Wagen sitze, die Türe zuschlage und das Schlüssel-
21	chen stecke, Radio andrehe, meine Zigarette anzünde mit dem Glüher, dann schalte, Fuß auf Gas; Menschen
22	sind eine Anstrengung für mich, auch Männer.
23	Was die Stimmung betrifft, so mache ich mir nichts draus, wie gesagt. Manchmal wird man weich, aber man
24	fängt sich wieder. Ermüdungserscheinungen! Wie beim Stahl, Gefühle, so habe ich festgestellt, sind Ermü-
25	dungserscheinungen, nichts weiter, jedenfalls bei mir. Man macht schlapp! Dann hilft es auch nichts, Briefe
26	zu schreiben, um nicht allein zu sein. Es ändert nichts; nachher hört man doch nur seine eignen Schritte in
27	der leeren Wohnung. […] Dann stehe ich einfach da, Gin im Glas, den ich nicht mag, und trinke; ich stehe,
28	um keine Schritte zu hören in meiner Wohnung, Schritte, die doch nur meine eigenen sind. Alles ist nicht
29	tragisch, nur mühsam. Man kann sich nicht selbst Gutnacht sagen. – Ist das ein Grund zum Heiraten?

Kontext, Hintergrund, Wortschatz

Der Auszug stammt aus dem Roman »Homo faber« mit dem Untertitel »Ein Bericht« von Max Frisch, 1911–1991. Das Buch des Schweizer Schriftstellers erschien 1957.

Homo faber (Titel): Der Ich-Erzähler heisst Walter Faber, Ingenieur, um die 50 Jahre. Die Typologie »homo faber« meint: der Techniker, der Macher, der Rationalist. Gegensatz ist der »homo ludens«: der Spieler, der Kreative, der Künstler.

Ivy (Z. 11): Vorname von Fabers Freundin; »ivy« ist im Englischen auch das Wort für »Efeu«, ein Pflanze, die Bäume umschlingt und ihnen Luft und Licht abschneidet.

Aufgaben und Fragen

Aufgaben/Fragen	Lösungen/Antworten	Pt.
1. Finden Sie mindestens ein Wort mit gleicher oder ähnlicher Bedeutung (Synonym). Schreiben Sie es so, dass es genau in den Text passt.	verdrießt mich – Z. 4 – ... Heuchelei – Z. 7 – ... (nicht) zynisch – Z. 10 – ... offen gestanden – Z. 16 – ...	4
2. Beantworten Sie folgende Fragen.	Was ist das Thema? ... Welches ist das sprachliche Leitmotiv? ... Wer ist der Ich-Erzähler? ... Welche Charakterisierung passt am besten zum Ich-Erzähler? ☐ sentimental und egoistisch ☐ egozentrisch und analytisch ☐ empathisch und achtsam	4
3. Was sagen folgende Textstellen über Fabers Haltung gegenüber Frauen aus? Antworten Sie in kurzen Sätzen.	Textstelle: / Aussage: »… weil ich in Gedanken schon weiter bin, gewohnt, voraus zu denken, …« (Z. 4/5) – ... »Zärtlichkeiten am Abend, ja, aber Zärtlichkeiten am Morgen sind mir unerträglich …« (Z. 5/6) – ... »… daß Frauen, sobald unsereiner nicht in Form ist, auch nicht in Form bleiben; …« (Z. 15) – ...	3
4. Im Text kommen etliche Verallgemeinerungen vor. Zitieren Sie vier aus den Zeilen 1–13.	Zitate: / Zeilen:	4
5. Die Aussagen des Ich-Erzählers sind zum Teil widersprüchlich. Zitieren Sie zwei Aussagen, die zur zitierten Stelle im Widerspruch stehen.	Textstelle: »… ich will es nicht anders und schätze mich glücklich, allein zu wohnen …« (Z. 1/2) Widerspruch 1: ... Widerspruch 2: ...	2
6. Beschreiben Sie den Schreibstil und dessen Wirkung. Erklären Sie den Zusammenhang zwischen Sprache und Inhalt.	Schreibstil: ... Zusammenhang Sprache–Inhalt: ...	6

Zeilen

Nächsten Sommer

Zeile	Text
1	»Wieso kommst du denn erst jetzt?« Bernhard sieht mich an, als sei ich ihm eine Erklärung schuldig. »Erste
2	Halbzeit ist schon vorbei.«
3	In ihm schwelt es. Wie immer, wenn er bei seiner Mutter war. Ich könnte ihm sagen, dass er meine Verspä-
4	tung nicht persönlich nehmen soll, aber Bernhard nimmt selbst schlechtes Wetter persönlich. Ich könnte ihm
5	auch sagen, dass mich Fußball nicht interessiert, nie interessiert hat und nie interessieren wird und ich nicht
6	einmal weiß, wer gegen wen spielt – und nur gekommen bin, weil Marc meinte, ich solle mich nicht immer
7	in meiner Tonne verkriechen. Und weil ich ihm etwas zu erzählen habe.
8	»Tut mir leid«, antworte ich. Das war offenbar, was er hören wollte, jedenfalls gibt Bernhard die Türe frei.
9	»Macht ja nichts. Steht sowieso noch null zu null.«
10	In Bernhards Wohnung riecht es immer ein bisschen wie im Krankenhaus. Ein Geruch, der sich den Anschein
11	des natürlichen geben will und doch aseptisch bleibt. Seine Diele ist ein Leichenschauhaus für Schuhe, in
12	Edelstahl, klar lackiert. Sechzehn aufklappbare Fächer, hinter denen sich jeweils ein Schuhpaar verbirgt, auf
13	der Stirnseite und auf der Seite gegenüber. Wenn man den Raum halbieren würde, könnte man die Seiten
14	passgenau aufeinanderlegen.
15	Ich habe lange gebraucht, bevor mir klargeworden ist, dass ihn das aufrecht hält: Der Glaube an Symmetrie
16	und Perfektion, daran, dass alles funktioniert und einen Sinn ergibt, solange es einer geometrischen Ordnung
17	folgt. Marc meint, Ordnung sei Bernhards Religion – und dass er bestimmt früher seine Scheiße nicht angu-
18	cken durfte.
19	Mir ist die ungerade Zahl lieber. Primzahlen zum Beispiel. Die sind ziemlich cool. Widersetzen sich jeder
20	Formel. Man kann ihr Auftreten nicht berechnen. Das ist wie ein kosmisches Augenzwinkern. Letztlich gibt
21	es für alles eine Erklärung – was nicht heißt, dass wir sie finden.
22	Zoe sitzt auf dem Sofa und sieht sensationell gelangweilt aus. »Hi, Felix«, sagt sie, als ich hereinkomme. Kurz
23	zuckt ein Lächeln auf. Sie wäre gerne woanders. Bei Ludger vermutlich, oder wenigstens an einem Ort, wo
24	wichtige Menschen verkehren, solche, die man kennt, aus dem Fernsehen oder der Gala. […]
25	Ich frage mich, ob es uns noch lange geben wird, so, zu viert. Ohne den unermüdlichen Bernhard, der an
26	uns festhält wie an einer Sehnsucht, ohne die er verkümmern müsste, wären wir bestimmt längst unwieder-
27	bringlich in unterschiedliche Richtungen gedriftet. Marc hat bereits begonnen, mit seiner Gitarre die Welt zu
28	erobern, Bernhard versucht so angestrengt, jemand anderer zu sein, dass er selbst ganz dahinter verschwin-
29	den wird, und Zoe zieht es in höhere Gefilde.
30	Marc sitzt auf dem Balkon und raucht einen Guten-Abend-Joint. »Diogenes!«, begrüßt er mich. Seit ich in
31	dem Bauwagen wohne, nennt er mich gerne Diogenes, wenn er einen geraucht hat. »Wie ist es mit deinem
32	Vater gelaufen?«
33	Ich setze mich neben ihn auf die Bank und lege wie er meine Füße auf die Brüstung. »Mit *dem* lief es wie
34	immer.« Marc hält mir seinen Joint hin. »Mal ziehen?« Ist ein Running-Gag zwischen uns. Ich rauche nicht,
35	ich trinke nicht, ich nehme kein komisches Zeug.

Kontext, Hintergrund, Wortschatz

Beim Textausschnitt handelt es sich um den Anfang des Romans »Nächsten Sommer« des deutschen Schriftstellers Edgar Rai, geb. 1967.

aseptisch (Z. 11): keimfrei, steril, künstlich

Primzahlen (Z. 19): Zahlen, die größer als 1 und nur durch 1 und sich selbst teilbar sind: 2, 3, 5, 7, 11, 13, 17 etc.

Gala (Z. 24): deutsche Zeitschrift, bringt in erster Linie Geschichten über Prominente

Diogenes (Z. 30): griechischer Philosoph, bekannt durch sein Leben in einem Holzfass (Tonne) und seinen Befehl an Alexander den Großen »Geh mir aus der Sonne!«

Aufgaben und Fragen

Aufgaben/Fragen	Lösungen/Antworten	Pt.
1. Finden Sie mindestens ein Wort mit gleicher oder ähnlicher Bedeutung (Synonym). Schreiben Sie es so, dass es genau in den Text passt.	schwelt (es) – Z. 3 – ____ Diele – Z. 11 – ____ unwiederbringlich – Z. 26/27 – ____ gedriftet – Z. 27 – ____ (höhere) Gefilde – Z. 29 – ____	5
2. Beantworten Sie die vier Fragen stichwortartig.	Wo findet die Handlung statt? ____ Aus welcher Perspektive wird erzählt? ____ Welche zwei Darstellungsformen kommen vor? ____ Was ist das Thema? ____	4
3. Setzen Sie die drei weiteren Figuren ins Schaubild ein.	Ich-Erzähler (Felix) – Figurenkonstellation – ( ) ( ) ( )	3
4. Charakterisieren Sie die vier Figuren mit je zwei Adjektiven.	Figur: / Charakterisierung: Ich-Erzähler (Felix) ____ ____ ____ ____	4 (je ½)
5. Was ist gemeint mit den zitierten Textstellen? Erklären Sie in eigenen Worten.	»Bernhard nimmt selbst schlechtes Wetter persönlich.« (Z. 4) …… »… ich solle mich nicht immer in meiner Tonne verkriechen.« (Z. 6/7) …… »Das ist wie ein kosmisches Augenzwinkern.« (Z. 20) ……	3
6. Der Autor verwendet bei den Dialogen häufig Formen der gesprochenen Sprache, des sogenannten Parlando-Stils. Geben Sie drei weitere Beispiele mit Zeilenangabe. Was ist das Merkmal?	Beispiele für den Parlando-Stil: »Erste Halbzeit ist schon vorbei.« (Z. 1/2) …… …… …… Merkmal: ……	4

28	Sachtext	Niveau: ●	Datum:	Erreichte Punkte: von 27

Zeilen

Mutmaßliche Graffiti-Sprayer vorläufig festgenommen

1 Hamburg (ots) – Am 04.12.2018 gegen 02.50 Uhr entdeckten DB-Sicherheitsdienstmitarbeiter in der Abstell-
2 anlage am Bahnhof Bergedorf zwei mutmaßliche Sprayer. Die Tatverdächtigen konnten zunächst in ein angren-
3 zendes Wohngebiet flüchten. Nach entsprechender Alarmierung begaben sich insgesamt vier Funkstreifen-
4 wagen der Bundespolizei und der Polizei Hamburg (PK 43) in die Fahndung nach den mutmaßlichen Sprayern.
5 Ein Streifenteam (1 Bundespolizist/ 1 Polizeibeamter der Polizei Hamburg) konnte das Duo in einer Tiefgarage
6 stellen und vorläufig festnehmen. Die Beschuldigten (m.19, m. 21) wurden dem PK 43 zugeführt. Nach
7 Abschluss der polizeilichen Maßnahmen mussten die polizeilich bekannten Tatverdächtigen wieder entlassen
8 werden. Entsprechende Strafverfahren wurden gegen die deutschen Staatsangehörigen eingeleitet.
9 Bundespolizisten konnten entlang des Fluchtweges Sprayer-Utensilien sowie neun Farbsprühdosen auffinden
10 und sicherstellen. Ein S-Bahnwagen wurde großflächig (ca. 24 qm) besprüht. Die weiteren Ermittlungen
11 werden vom Ermittlungsdienst der Bundespolizeiinspektion Hamburg geführt.

Fahndung nach tatverdächtigen Graffiti-Sprayern

12 Immer nachts, wenn der S-Bahn-Betrieb ruht, werden Graffiti-Sprayer gern aktiv. So auch am Dienstag, den
13 4. Dezember 2018. In dieser kalten Nacht entdeckten gegen 02.50 Uhr DB-Sicherheitsdienstmitarbeiter in der
14 Abstellanlage am Bahnhof Hamburg Bergedorf zwei mutmaßliche Sprayer. Doch den beiden Tatverdächtigen
15 gelang erst einmal die Flucht in ein angrenzendes Wohngebiet.
16 Allerdings nicht besonders erfolgreich. Denn nach entsprechender Alarmierung wurden vier Funkstreifenwagen
17 der Bundespolizei und der Polizei Hamburg (PK 43) zur Fahndung nach den mutmaßlichen Farbdosen-Künstlern
18 eingesetzt. Ein Streifenteam konnte schließlich das Duo in einer Tiefgarage stellen und nahm es vorläufig fest.
19 Die beiden jungen männlichen Beschuldigten (19 und 21 Jahre) wurden freundlich aber bestimmt ins warme,
20 gutgeheizte Polizeirevier 43 gebracht. Es stellte sich heraus, dass die beiden Deutschen schon einschlägige
21 »Bekannte« (ergo Wiederholungstäter) der Polizei sind. Nach Abschluss der polizeilichen Maßnahmen ging
22 es für sie wieder hinaus in die kalte Hamburger Winternacht.
23 Leider kamen die DB-Sicherheitsmitarbeiter zu spät an den Tatort. Ein S-Bahnwagen (ca. 24 Quadratmeter) war
24 bereits von den Graffiti-Sprayern großflächig besprüht worden. Entlang des Fluchtweges konnten Bundespo-
25 lizisten Sprayer-Utensilien sowie neun Farbsprühdosen auffinden und sicherstellen. Die weiteren Ermittlungen
26 werden vom Ermittlungsdienst der Bundespolizeiinspektion Hamburg geführt. Aufgrund ihres Alters haben die
27 beiden Beschuldigten wahrscheinlich ein eher mildes Verfahren am Jugendgericht zu erwarten. Über die Höhe
28 des finanziellen Schadens ist noch nichts bekannt.

Kontext, Hintergrund, Wortschatz

Bei »Mutmaßliche Graffiti-Sprayer vorläufig festgenommen« handelt es sich um eine Pressemeldung der Bundespolizeiinspektion Hamburg. Der zweite Text ist ein Artikel des Onlineportals ganz-hamburg.de, erschienen am 5. Dezember 2018, verfasst von Bert Olsen.

DB (Z. 1): Deutsche Bahn
PK 43 (Z. 4): Polizeikommissariat 43, Bergedorf, Hamburg
einschlägige (Z. 20): hier: vorbestrafte

Aufgaben und Fragen

Aufgaben/Fragen	Lösungen/Antworten	Pt.
1. Finden Sie mindestens ein Wort mit gleicher oder ähnlicher Bedeutung (Synonym). Schreiben Sie es so, dass es genau in den Text passt.	mutmaßliche – Z. 2 – ___ das Duo – Z. 5 – ___ stellen – Z. 6 – ___ vorläufig – Z. 6 – ___ angrenzendes – Z. 15 – ___	5
2. Ergänzen Sie die Tabelle zum Textvergleich.	(siehe Tabelle unten)	6
3. Welche Personengruppen sind im Fall involviert? Ergänzen Sie das Schaubild.	Schaubild: Zwei junge Männer (Mitte), verbunden mit fünf leeren Kästchen	5
4. Welche vier Fakten über die Tatverdächtigen kann man aus dem ersten Text entnehmen?	…………………………… …………………………… ……………………………	4
5. Welches Hauptmerkmal unterscheidet den zweiten vom ersten Text? Unterstreichen Sie die richtige Antwort. Belegen Sie Ihre Antwort mit zwei Textstellen.	Der zweite Text nennt viel mehr Details / enthält Wertungen und Meinungen / ist aus der Ich-Perspektive verfasst. Zwei Textstellen: …………………………… …………………………… …………………………… ……………………………	3
6. Der zweite Text enthält auch drei erzählerische Passagen. Nennen Sie die Zeilen. Welche Wirkung haben diese Passagen?	Erzählerische Passagen in den Zeilen: …………………………… Wirkung: …………………………… …………………………… ……………………………	4

Tabelle zu Aufgabe 2:

	Text 1 (Z. 1–11)	Text 2 (Z. 12–28)
Textsorte:		Online-Bericht
Adressaten:		
Herausgeber: (Verfasser)		Bert Olsen
Grundlage des Texts:	Aussagen/Berichte von Beteiligten	
Schreibstil:	neutraler Berichtstil	

Zeilen	
	Die Mittagsfrau
1	Auf dem Fensterbrett stand eine Möwe, sie schrie, klang, als habe sie die Ostsee im Hals, hoch, die Schaum-
2	kronen ihrer Wellen, spitz, die Farbe des Himmels, ihr Ruf verhallte über dem Königsplatz, still war es da,
3	wo jetzt das Theater in Trümmern lag. Peter blinzelte, er hoffte, die Möwe werde allein vom Flattern seiner
4	Augenlider aufgescheucht und flöge davon. Seit der Krieg zu Ende war, genoss Peter die Stille am Morgen. Vor
5	einigen Tagen hatte ihm die Mutter ein Bett auf dem Boden der Küche gemacht. Er sei jetzt ein großer Junge,
6	er könne nicht mehr in ihrem Bett schlafen. Ein Sonnenstrahl traf ihn, er zog sich das Laken über das Gesicht
7	und lauschte der sanften Stimme von Frau Kozinska. Sie kam aus den Rissen im Steinboden, aus der Wohnung
8	unter ihm. Die Nachbarin sang. Ach Liebster, könntest du schwimmen, so schwimm doch herüber zu mir. Peter
9	liebte diese Melodie, die Wehmut in ihrer Stimme, das Wünschen und die Traurigkeit. Diese Gefühle waren so
10	viel größer als er, und er wollte wachsen, nichts lieber als das. Die Sonne wärmte das Laken auf Peters Ge-
11	sicht, bis er die Schritte seiner Mutter hörte, die sich wie aus großer Ferne näherten. Plötzlich wurde das Laken
12	weggezogen. Los, los, aufstehen, ermahnte sie ihn. Der Lehrer warte, behauptete die Mutter. Aber der Lehrer
13	Fuchs erfragte schon seit langer Zeit nicht mehr die Anwesenheit der einzelnen Kinder, die wenigsten konnten
14	noch jeden Tag kommen. Seit Tagen ging seine Mutter und er jeden Nachmittag mit dem kleinen Koffer zum
15	Bahnhof und versuchten einen Zug in Richtung Berlin zu bekommen. Kam einer, war er so überfüllt, dass sie
16	es nicht hineinschafften. Peter stand auf und wusch sich. Mit einem Seufzen zog die Mutter ihre Schuhe aus.
17	Aus dem Augenwinkel sah Peter, wie sie die Schürze abnahm, um sie in den Wäschetopf zu legen. Ihre weiße
18	Schürze war jeden Tag befleckt von Ruß und Blut und Schweiß, stundenlang musste sie eingeweicht werden,
19	bevor seine Mutter das Waschbrett nehmen und die Schürze darauf reiben konnte, bis die Hände rot wurden
20	und ihr die Adern an den Armen schwollen. Mit beiden Händen hob Peters Mutter die Haube vom Kopf, sie
21	zog die Haarnadeln aus dem Haar, und ihre Locken fielen ihr weich über die Schultern. […]
22	Peter ging zum Fenster, er klopfte gegen die Scheibe, und die Möwe flatterte auf. Seit die gegenüberliegen-
23	de Häuserreihe und die Hinterhäuser und auch der nächste Straßenzug fehlten, hatte er freien Blick auf den
24	Königsplatz, dorthin, wo die Reste des Theaters standen.
25	Komm nicht zu spät nach Hause, sagte seine Mutter, als er kurz zur Wohnungstür hinauswollte. Nachts habe
26	im Krankenhaus eine Schwester erzählt, heute und morgen würden Sonderzüge eingesetzt. Wir verschwinden.
27	Peter nickte, seit Wochen freute er sich darauf, endlich mit einem Zug zu fahren. Nur einmal vor zwei Jahren,
28	als Peter eingeschult worden war und sein Vater sie besucht hatte, waren sie mit dem Zug gefahren, sein Vater
29	und er, sie hatten einen Arbeitskollegen des Vaters in Velten besucht. Der Krieg war jetzt acht Wochen aus,
30	und der Vater kehrte nicht heim.

Kontext, Hintergrund, Wortschatz

Der Textausschnitt ist der Beginn des Romans »Die Mittagsfrau« der deutschen Schriftstellerin Julia Franck, geb. 1970 in Ostberlin.

Königsplatz (Z. 2): Platz in Stettin, Stadt an der südlichen Ostseeküste (Odermündung). Stettin wurde am 5. Juli 1945 an Polen übergeben, heutiger Name ist Szczecin.

eingeschult (Z. 28): Die Schulpflicht begann damals mit der Vollendung des 6. Lebensjahres.

Velten (Z. 29): Kleinstadt in Brandenburg

Der Krieg war … (Z. 29): Ende des 2. Weltkriegs, 8. Mai 1945.

Aufgaben und Fragen

<table>
<tr><th>Aufgaben/Fragen</th><th>Lösungen/Antworten</th><th>Pt.</th></tr>
<tr><td>1. Finden Sie mindestens ein Wort mit gleicher oder ähnlicher Bedeutung (Synonym). Schreiben Sie es so, dass es genau in den Text passt.</td><td>verhallte | Z. 2 |
blinzelte | Z. 3 |
aufgescheucht | Z. 4 |
Laken | Z. 6 |
Wehmut | Z. 9 |
befleckt | Z. 18 |</td><td>6</td></tr>
<tr><td>2. Vervollständigen Sie die Grafik. Lesen Sie dazu auch die Hinweise zum Kontext.</td><td>»Die Mittagsfrau« Romanbeginn
Handlungsort: Stettin
Handlungsraum:
Zeit: Ende des 2. Weltkriegs
Hauptfiguren:
Monat und Jahr:
Nebenfiguren:
Tageszeit:</td><td>5</td></tr>
<tr><td>3. Beantworten Sie stichwortartig folgende Fragen.</td><td>Was ist der Stoff? ....
Was ist das Thema? ....
Was ist das Leitmotiv? ....</td><td>3</td></tr>
<tr><td>4. Welche Funktion hat die Möwe?</td><td>..........
....
....
..........</td><td>3</td></tr>
<tr><td>5. Kreuzen Sie an.
✓ = stimmt
– = stimmt nicht
? = kann aus dem Text heraus nicht beantwortet werden</td><td>Aussagen: | ✓ | – | ?
Peter ist etwa 8 Jahre alt. | | |
Er muss wegen Platzmangel in der Küche schlafen. | | |
Peters Mutter arbeitet in einem Krankenhaus. | | |
Die Mutter will die Stadt möglichst rasch verlassen. | | |
Regelmäßig fahren Sonderzüge nach Berlin. | | |
Der Vater ist im Krieg gefallen. | | |</td><td>3 (je ½)</td></tr>
<tr><td>6. Analysieren Sie die Erzählstruktur in den Zeilen 1–21. Geben Sie die entsprechenden Zeilen an.</td><td>Erzählbericht | Zeilen: ....
Perspektive von Peter | Zeilen: ....
Perspektive der Mutter | Zeilen: ....
Gespräch zwischen Mutter und Sohn | Zeilen: ....</td><td>4</td></tr>
</table>

Zeilen

Der Europäische Landbote

1 Wenn man auf einer Europakarte alle politischen Grenzen, die es im Lauf der geschriebenen Geschichte
2 je gegeben hat, mit einem schwarzen Stift einzeichnet, dann liegt am Ende über diesem Kontinent ein so
3 engmaschiges schwarzes Netz, dass es fast einer geschlossenen schwarzen Fläche gleichkommt. Welche
4 schwarze Linie auf dieser schwarzen Fläche kann da augenfällig als natürliche Grenze gelten? […]

5 Mitte des vergangenen Jahrhunderts lag Europa bekanntlich wieder einmal in Trümmern. Vier Kriege inner-
6 halb einer einzigen Lebenszeit, der Deutsche Krieg (1866), der Deutsch-Französische Krieg (1870/71), die
7 beiden sogenannten nationalen Einigungskriege, und vor allem die beiden europäischen Kriege, die zu Welt-
8 kriegen wurden und die im Grunde ein »zweiter Dreißigjähriger Krieg« zur Potenz waren (1914 bis 1945),
9 hatten den Kontinent in nicht gekanntem Ausmaß verwüstet. Die Ideologie der selbstbestimmten, selbstbe-
10 wussten, selbstherrlichen Nation, die Dynamik des Nationalismus, […] der Versuch, »nationale Interessen«
11 gegen andere Nationen mit aller Gewalt durchzusetzen, hatte Abermillionen Menschen das Leben gekostet,
12 unendliches Leid über die Lebenden gebracht und in einer Kulmination des entfesselten Nationalismus zu
13 jenem grauenhaften Menschheitsverbrechen geführt, für das «Auschwitz» heute als Chiffre steht.

14 Es gab so gut wie nichts mehr: Die Infrastruktur war weitgehend zerstört, die Industrien schwer beschädigt
15 oder konfisziert, Hilfsmittel und Güter waren knapp. Geld fehlte an allen Ecken und Enden. Es herrschte eine
16 Situation, in der den Großeltern selbst der heute Uneinsichtigen klar war: Das soll nie wieder geschehen
17 dürfen! Wenn es nun gelingen sollte, aus dieser Misere herauszukommen, dann musste dies so geschehen,
18 dass sich die Katastrophen, die der Nationalismus und die Interessenkonflikte der Nationen produziert hatten,
19 nicht mehr wiederholen können.

20 Friedensverträge zwischen den Nationen, das war die Erfahrung, sind das Papier nicht wert, auf dem sie ver-
21 brieft und besiegelt sind. Die Nationen – das war nun die Idee der Gründerväter des europäischen Friedens-
22 projekts – müssten institutionell und ökonomisch so verflochten und in wechselseitige Dependenz gebracht
23 werden, dass das Verfolgen jeglichen Eigeninteresses gar nicht mehr anders als in gemeinschaftlichem
24 Handeln möglich ist. Nur so könnten Solidarität statt Nationalitätenhass, nachhaltiger Friede und gemein-
25 samer Wohlstand hergestellt werden.

Kontext, Hintergrund, Wortschatz

Der Textausschnitt stammt aus dem Buch »Der Europäische Landbote« des österreichischen Schriftstellers Robert Menasse, geb. 1954 in Wien.

Der Titel ist eine Anlehnung an den »Hessischen Landboten«, ein von Georg Büchner 1834 verfasstes Pamphlet (Streitschrift) gegen die sozialen Missstände der damaligen Zeit.

Dreißigjähriger Krieg (Z. 8): großer europäischer Krieg von 1618–1648 mit Millionen von Toten, Hunger, Seuchen und Gewalt an der Zivilbevölkerung

zur Potenz (Z. 8): in der Addition, zusammengezählt

«Auschwitz» … als Chiffre (Z. 13): Das Konzentrationslager Auschwitz steht heute als Sinnbild für den Holocaust.

Aufgaben und Fragen

Aufgaben/Fragen	Lösungen/Antworten	Pt.
1. Finden Sie mindestens ein Wort mit gleicher oder ähnlicher Bedeutung (Synonym). Schreiben Sie es so, dass es genau in den Text passt.	augenfällig – Z. 4 – ______ verwüstet – Z. 9 – ______ Kulmination – Z. 12 – ______ konfisziert – Z. 15 – ______ Misere – Z. 17 – ______ Solidarität – Z. 24 – ______	6
2. Beantworten Sie stichwortartig folgende Fragen.	Was ist das Thema? ______ Wie beurteilt der Autor die europäische Geschichte? ______ Worin sieht der Autor die Ursache für die Kriege? ______ Welche Wirkung hatten die Friedensverträge? ______	4
3. Geben Sie in eigenen Worten wieder, worauf der Autor mit der bildlichen Darstellung in der Einleitung (Z. 1–4) hinweist. Erklären Sie in kurzen Sätzen.	....	3
4. Worauf beziehen sich folgende Textstellen?	Textstelle: / Bezieht sich auf… Mitte des vergangenen Jahrhunderts … (Z. 5) ______ … Kulmination des entfesselten Nationalismus … (Z. 12) ______ … der heute Uneinsichtigen … (Z. 16) ______ … Gründerväter des europäischen Friedensprojekts … (Z. 21/22) ______	4
5. Beurteilen Sie den Schreibstil des Autors. Begründen Sie Ihre Wahl stichwortartig und geben Sie Textbelege an.	Beurteilung des Schreibstils: ☐ einfach, Alltagssprache ☐ poetischer Stil ☐ anspruchsvoll, Fachsprache Begründung:	4

LÖSUNGEN
LÖSUNGEN

Aufgaben/Fragen	Lösungen/Antworten	Pt.
1. Finden Sie mindestens ein Wort mit gleicher oder ähnlicher Bedeutung (Synonym). Schreiben Sie es so, dass es genau in den Text passt.	komplexe | Z. 3 | vielfältige/schwierige/komplizierte Struktur | Z. 13 | Form/System/Beschaffenheit Funktion | Z. 13 | Arbeitsweise/Vorgang/Ablauf verzerrt | Z. 26 | verfälscht/ungenau de facto | Z. 27 | tatsächlich/wirklich/bekanntlich	5
2. Wie ist der Text aufgebaut? Ordnen Sie die fünf passenden Zwischentitel zu.	Zeilen: | Zwischentitel: 1–6 | Aktuelle Forschungsgebiete 7–13 | Höchstleistung des Gehirns 14–20 | Lesen fördert Vorstellungskraft 21–27 | Negative Folgen für Analphabeten 28–35 | Lesen als Basis der Demokratie Zwischentitel zur Auswahl: Negative Folgen für Analphabeten/Aktuelle Forschungsgebiete/Lesen als Basis der Demokratie/Lesen fördert Vorstellungskraft/Höchstleistung des Gehirns	5
3. Was steht im Text? Kreuzen Sie die korrekten Aussagen an.	☒ Lesen und Schreiben verändert unser Gehirn. ☒ Lesen und Schreiben läuft im Alltag meist unbewusst ab. ☐ Wer nicht gut lesen kann, kann dafür besser Bilder analysieren. ☐ Analphabeten erkranken häufiger an Demenz. ☐ Rund ein Drittel der Menschen kann nicht lesen und schreiben. ☒ Analphabetismus schadet der Gesellschaft. ☒ Die Alphabetisierung fördert das kritische Denken.	4
4. Weshalb dauert es so lange, bis wir gut lesen und schreiben können? Antworten Sie in einem Satz.	Der Vorgang ist für das Gehirn sehr komplex, denn es muss viele verschiedene Funktionen aufeinander abstimmen, so zum Beispiel grundlegende Seh-, Hör- und Denkfähigkeiten.	2
5. Was ist gemeint mit den unterstrichenen Textpassagen? Erklären Sie in eigenen Worten.	Zeilen 1–3: Denn die ersten Schriftsysteme haben sich erst vor weniger als 6000 Jahren entwickelt – ein Wimpernschlag in Relation zur menschlichen Evolution. Erklärung: ... eine sehr kurze Zeit im Vergleich zur Menschheitsentwicklung. Zeilen 33–34: Sie ermöglicht eine sachlich fundierte öffentliche Debatte und eine sinnvolle kollektive Entscheidungsfindung. Erklärung: ... eine auf Fakten abgestützte öffentliche Diskussion und eine sinnvolle gemeinsame Entscheidungsfindung.	4
6. Lesen Sie nochmals die Zeilen 28–34 durch. Erklären Sie, worauf sich die unterstrichenen Pronomen beziehen.	Das (Z. 28/29) schränkt nicht nur sie selbst ein, […]/sondern dass das (Z. 30/31) dauerhafte und tiefgehende Auswirkungen auf ihr (Z. 31) Denken und Wissen hat. […]/Sie (Z. 33) ermöglicht eine sachlich fundierte … Das (Z. 28/29) bezieht sich auf: Analphabetismus das (Z. 30/31) bezieht sich auf: das Weiterentwickeln der Lesekompetenz ihr (Z. 31) bezieht sich auf: Kinder und Jugendliche Sie (Z. 33) bezieht sich auf: Fähigkeit zum Lesen und Schreiben	4

Aufgaben/Fragen	Lösungen/Antworten	Pt.
1. Finden Sie mindestens ein Wort mit gleicher oder ähnlicher Bedeutung (Synonym). Schreiben Sie es so, dass es genau in den Text passt.	beschämt – Z. 7 – betreten/verlegen/peinlich berührt verquollen – Z. 10 – (auf)geschwollen/aufgeschwemmt/gedunsen schwoll an – Z. 21 – verstärkte, steigerte sich/wurde intensiver verbarg sie – Z. 22 – bedeckte/verdeckte/verhüllte gesittet – Z. 33 – anständig/folgsam/wohlerzogen behutsam – Z. 39 – gefasst/still/ruhig/zurückhaltend	6
2. Setzen Sie die anderen Figuren ins Feld rechts ein.	Rita, ihr Freund ⟷ Mutter, Vater, die Schwestern Nanni und Milene	2 (je ½)
3. Was passiert wann? Ordnen Sie in der rechten Spalte die Ereignisse mit 1. bis 8.	Die Familie lästert über Ritas Freund. – 4. Die Familienmitglieder schweigen betreten. – 8. Der Freund ist bei Ritas Familie zu Besuch. – 2. Der Vater bringt den Freund zum Bahnhof. – 3. Rita sagt, dass sie sich verlobt hat. – 7. Der Vater kommt zurück. – 5. Rita erzählt ihrer Familie über ihren Freund. – 1. Die Mutter versucht, die Situation zu beruhigen. – 6.	4 (je ½)
4. Aufbau der Kurzgeschichte: Geben Sie die genauen Zeilen an.	Spannungsaufbau: Zeilen 1 bis 27 Wendepunkt: Zeilen 28 und 29 Schlussteil: Zeilen 30 bis 40	3
5. Beschreiben Sie das Verhalten und die Gefühlslage der Familie mit je drei passenden Begriffen.	Ihr Verhalten vor Ritas Hinweis auf die Verlobung: respektlos, rücksichtslos, anstandslos, verurteilend, unwürdig, primitiv … Ihre Gefühlslage danach: nachdenklich, beschämt, betroffen, entschuldigend, peinlich berührt …	3 (je ½)
6. Welche Kernaussage passt am besten zur Geschichte?	☐ Dicke Menschen werden oftmals ausgelacht. ☒ Wir sollten Menschen nicht aufgrund von Äußerlichkeiten beurteilen. ☐ In Familien gibt es oft Streit, weil man einander nicht richtig zuhört. ☐ Wer sich verlobt, sollte seine Familie gut darauf vorbereiten.	1
7. Beschreiben Sie mit je drei Stichwörtern Ritas nonverbales Verhalten vor und nach dem Wendepunkt. Nennen Sie die entsprechenden Textstellen.	Verhalten vor dem Wendepunkt: verkrampft, angespannt, unsicher, ängstlich, gestresst – Textstellen, Zeilen: Zeilen 4/11/19 Verhalten nach dem Wendepunkt: aufrecht, selbstbewusst, offensiv, mit offenem Blick, stark, mutig – Textstellen, Zeilen: Zeilen 28/30–32/39	6 (je ½)

<table>
<tr><th>Aufgaben/Fragen</th><th>Lösungen/Antworten</th><th>Pt.</th></tr>
<tr><td>1. Finden Sie mindestens ein Wort mit gleicher oder ähnlicher Bedeutung (Synonym). Schreiben Sie es so, dass es genau in den Text passt.</td><td><table>
<tr><td>zutiefst</td><td>Z. 1</td><td>äußerst / sehr / überaus / höchst</td></tr>
<tr><td>die Ossis</td><td>Z. 2</td><td>die Ostdeutschen</td></tr>
<tr><td>schnörkellos</td><td>Z. 3</td><td>direkt / kurz / prägnant</td></tr>
<tr><td>Floskel</td><td>Z. 5</td><td>Geschwätz / Leerformel / Phrase</td></tr>
<tr><td>letztens</td><td>Z. 10</td><td>kürzlich / neulich / letzthin / unlängst</td></tr>
<tr><td>halbwegs</td><td>Z. 23</td><td>einigermaßen / ziemlich</td></tr>
</table></td><td>6</td></tr>
<tr><td>2. Was ist das Thema?</td><td>Die unterschiedliche Sprechweise von Westdeutschen und Österreichern
Oder:
Die sprachlichen Unterschiede zwischen Westdeutschen und Österreichern</td><td>2</td></tr>
<tr><td>3. Welche Aussagen stimmen?</td><td>☐ Die Autorin kritisiert die arrogante Sprache der Westdeutschen.
☐ Sie lobt die Sprechweise der Schweizer und der Ostdeutschen.
☒ Sie sieht einen Zusammenhang zwischen Sprache und Charakter.
☒ Sie kann mit der Direktheit der Westdeutschen gut umgehen.</td><td>2</td></tr>
<tr><td>4. Ordnen Sie die Begriffe zu. Zwei passen nicht. Welche?
Begriffe:
direkt, leise, höflich, umständlich, langsam, kurz, unverbindlich, klar, rücksichtslos, offen</td><td><table>
<tr><th>Sprechweise der Westdeutschen:</th><th>Sprechweise der Österreicher:</th></tr>
<tr><td>direkt, kurz, klar, offen</td><td>höflich, umständlich, langsam, unverbindlich</td></tr>
</table>
Begriffe, die nicht passen: leise, rücksichtslos</td><td>5</td></tr>
<tr><td>5. Was meint die Autorin? Erklären Sie die unterstrichenen Textteile, indem Sie begriffsähnliche Wörter einsetzen.</td><td>Zeilen 16–18: Die sprachliche Mehrdeutigkeit vor allem des <u>hinterfotzigen</u> Wieners ist <u>sprichwörtlich</u>. Im Blödeln und Witzeln, <u>im Kalauern</u> und <u>dialektischen Relativieren</u> sind wir Weltmeister …

Die sprachliche Mehrdeutigkeit vor allem des hinterlistigen Wieners ist berühmt/bekannt. Im Blödeln und Witzeln, im Sprücheklopfen/Verspotten und im unverbindlichen Hin-und-Her-Diskutieren sind wir Weltmeister …</td><td>4</td></tr>
<tr><td>6. An verschiedenen Stellen relativiert die Autorin ihre Aussagen. Zitieren Sie drei weitere Textstellen mit Zeilenangabe.</td><td>Relativierung 1: In Wien wäre das wohl mindestens … (Z. 11)
Relativierung 2: … gereichen eher zum Vorteil (Z. 22/23)
Relativierung 3: Sie sind ein halbwegs tolerantes Volk. (Z. 23)
Relativierung 4: Jedenfalls grosso modo (Z. 29)</td><td>3</td></tr>
<tr><td>7. Die Autorin verwendet verschiedene Sprachbilder und Vergleiche. Erklären Sie diese stichwortartig.</td><td><table>
<tr><td>Z: 4: … oder Gewölk …</td><td>unklare, diffuse Äußerungen</td></tr>
<tr><td>Z: 5: … er schlägt sich durch.</td><td>er sagt es direkt, gerade heraus</td></tr>
<tr><td>Z: 9: … Nebensatzgestrüppen.</td><td>umständliche, lange Sätze</td></tr>
<tr><td>Z: 18: … sind wir Weltmeister …</td><td>sind wir top / sehr gut / die Besten</td></tr>
</table></td><td>4</td></tr>
</table>

Aufgaben/Fragen	Lösungen/Antworten	Pt.
1. Finden Sie mindestens ein Wort mit gleicher oder ähnlicher Bedeutung (Synonym). Schreiben Sie es so, dass es genau in den Text passt.	marode – Z. 3 – kaputte/defekte/sanierungsbedürftige sich beklagen – Z. 11 – sich beschweren/reklamieren/kritisieren lahmlegen – Z. 14 – blockieren/verunmöglichen/verhindern ignorieren – Z. 14 – unbeachtet lassen/übergehen nur eine Handvoll – Z. 16 – bloß ein paar/nur wenige im Sand verläuft – Z. 17 – nichts bewirkt/nichts bringt/erfolglos ist	6
2. Was ist das Thema?	☐ Schülerinnen und Schüler wollen besseren Unterricht ☒ Schülerdemo für mehr Geld für die Schulen ☐ Jugendstreik gegen korrupte Politikerinnen und Politiker	1
3. Was erfährt man über Vanessa Diener? Antworten Sie in Stichwörtern.	Abiturientin, 20-jährig, macht im Sommer 2018 das Abitur, organisierte mit anderen zusammen eine Schülerdemo in Kassel	4
4. Welche vier Beschreibungen passen auf Vanessa Diener? Kreuzen Sie an.	☒ zielstrebig ☒ selbstbewusst ☐ rebellisch ☐ egoistisch ☒ engagiert ☐ angepasst ☐ frech ☐ unpolitisch ☒ willensstark	2 (je ½)
5. Nennen Sie drei zusätzliche Mängel der Schulgebäude und deren Folgen.	Mangel: – Folge: defekte Decken – Regenwasser in den Klassenzimmern kaputte Apparaturen – keine Physik- und Chemieversuche möglich undichte Fenster – kalte Räume, Lernende müssen ihre Jacken tragen zu wenige Computer – digitalisierter Unterricht ist erschwert	6
6. Was passierte wann? Setzen Sie die Ereignisse mit 1. bis 4. in die richtige Reihenfolge.	Sitzung der Stadtverordnetenversammlung – 4. Ereignis Gründung des Bündnisses »Unsere Zukunft erkämpfen« – 1. Ereignis Demonstration auf dem Rathausvorplatz – 3. Ereignis Unterschriftensammlung – 2. Ereignis	2 (je ½)
7. Hat die Demo das Ziel erreicht? Begründen Sie Ihre Antwort.	☐ Ja. Begründung: ☒ Nein. Begründung: Die Politiker haben zu wenig Geld bewilligt. Es reicht wieder nicht aus, um die Schulen zu sanieren.	3
8. Weshalb steht der Text ab Zeile 5 in Anführungs- und Schlusszeichen?	Die Journalistin Miriam Olbrisch hat mit Vanessa Diener ein Gespräch geführt und dieses aufgezeichnet. Sie gibt im Text den Inhalt als direkte Rede aus der Ich-Perspektive von Vanessa Diener wieder, daher die Anführungs- und Schlusszeichen. So wirkt der Text direkt, lebendig und authentisch.	2

Aufgaben/Fragen	Lösungen/Antworten	Pt.
1. Finden Sie mindestens ein Wort mit gleicher oder ähnlicher Bedeutung (Synonym). Schreiben Sie es so, dass es genau in den Text passt.	schimpflich – Z. 1 – schändlich / verwerflich erhebend – Z. 8 – erbaulich / schön beharrlich – Z. 19 – unablässig / immerzu / starrköpfig Rebellin – Z. 26 – Aufmüpfige / Demonstrantin An die Konvention – Z. 26 – An das Konforme / An die Tradition gebilligt – Z. 27 – akzeptiert / angenommen	6
2. Beantworten Sie stichwortartig die vier Fragen.	Zeit und Ort: Wann und wo spielt die Geschichte? – 1949, Nachkriegszeit, München Personen: Welches sind die beiden Protagonisten? – Frau Behrend, Mutter Carla, ihre Tochter Wo befindet sich Frau Behrend? – in einem Café (Z. 12) Was ist das Thema? – Schwangerschaft der Tochter, Abtreibung	4
3. Erzählstruktur. Nennen Sie die passenden Zeilen.	Gedanken der Mutter – Zeilen: 1 bis 3 / 9 bis 12 / 14 bis 17 Gedanken der Tochter – Zeilen: 12 bis 14 Bericht der Erzählinstanz – Zeilen: 3 bis 9 / 19 bis 29	3
4. Beurteilen Sie folgende Aussagen mit: A = stimmt B = stimmt nicht C = kann aus dem Text heraus nicht beantwortet werden	B – Die Mutter rät der Tochter, das Kind abzutreiben. B – Tochter und Mutter diskutieren über eine Abtreibung. C – Der Vater des Kindes ist gegen eine Abtreibung. A – Die Mutter möchte ihre Tochter am liebsten weghaben. C – Die Tochter möchte nach Amerika auswandern. A – Die Mutter tröstet sich mit Romangeschichten.	6
5. Worin zeigt sich die Doppelmoral der Mutter? Antworten Sie in einem ganzen Satz und nennen Sie die Zeilen, auf die Sie sich beziehen.	Einerseits bezeichnet sie die Abtreibung als Verbrechen (Z. 3) und als etwas Schlechtes (Z. 16/17); andererseits verurteilt sie ihre Tochter und will sie nicht mit dem «Negerkind» (Z.16/17).	3
6. Interpretieren Sie folgende Textpassagen. Berücksichtigen Sie dabei den zeitlichen Kontext, also die Nachkriegszeit.	Das Schreckliche konnte man nicht aussprechen. Wenn etwas geschah, was nicht geschehen durfte, mußte man schweigen. (Z. 4/5) Das Schreckliche kann man auf den Nationalsozialismus und den Zweiten Weltkrieg beziehen. Damals schwiegen die meisten zu den Gräueltaten der Nazis. Carla hielt nichts von ihrem Leben, sie hätte ihr Leben gerne verleugnet, sie litt es, sie führte es nicht … (Z. 22/23) Carla ist ein Opfer der Hitler-Diktatur, des Krieges – ohne Chance und Hoffnung. Ihr Leben wurde durch die Zeitereignisse zerstört, wertlos gemacht.	4

<table>
<tr><th>Aufgaben/Fragen</th><th>Lösungen/Antworten</th><th>Pt.</th></tr>
<tr><td>1. Finden Sie mindestens ein Wort mit gleicher oder ähnlicher Bedeutung (Synonym). Schreiben Sie es so, dass es genau in den Text passt.</td><td><table>
<tr><td>stimmiges</td><td>Z. 11</td><td>nachvollziehbares/logisches</td></tr>
<tr><td>Trend</td><td>Z. 12</td><td>Tendenz/Richtung/Entwicklung</td></tr>
<tr><td>Hauen…daneben</td><td>Z. 26</td><td>Liegen … falsch/verschätzen sich</td></tr>
<tr><td>eingehend</td><td>Z. 28</td><td>Zerrbild/Täuschung/Fehleinschätzung</td></tr>
<tr><td>Verzerrung</td><td>Z. 29</td><td>gründlich/umfassend/ausführlich</td></tr>
<tr><td>instinktiven</td><td>Z. 33</td><td>unbewussten/intuitiven/triebhaften</td></tr>
<tr><td>zum Dramatisieren</td><td>Z. 33</td><td>zur Übertreibung/zum Aufbauschen</td></tr>
</table></td><td>7</td></tr>
<tr><td>2. Um was für eine Textsorte handelt es sich?
Nennen Sie zwei besondere Merkmale dieser Textsorte.</td><td>Textsorte: Interview
Besondere Merkmale: Gliederung in Fragen und Antworten; Fragen und Antworten stehen in der direkten Rede. Der Text wirkt wie ein Live-Gespräch.</td><td>3</td></tr>
<tr><td>3. Was ist das Thema?</td><td>der Pessimismus der Menschen
(die menschliche Sucht nach Schwarzmalerei)</td><td>2</td></tr>
<tr><td>4. Wer gibt Auskunft?</td><td>Name: Ola Rosling Beruf: Forscher Nationalität: Schwede</td><td>3</td></tr>
<tr><td>5. Kreuzen Sie die drei korrekten Aussagen an.
Erklären Sie, was bei den falschen Aussagen korrekt wäre.</td><td>A) ☒ Von 1930 bis 1939 wurden pro Jahr durchschnittlich fast eine Million Menschen durch Naturkatastrophen getötet. (Z. 12/13)
B) ☒ Im Zeitraum 2000 bis 2016 gab es insgesamt über eine Million Tote durch Naturkatastrophen. (Z. 13/14)
C) ☐ 94 Prozent der befragten Deutschen denken, es gäbe heute weniger Tote durch Naturkatastrophen als früher.
D) ☐ Nach UNO-Berechnungen gibt es Ende des 21. Jahrhunderts rund 4 Milliarden Kinder im Alter von bis zu 15 Jahren.
E) ☒ Die Erfolgsquote wäre besser, wenn die Menschen bei solchen Befragungen einfach raten würden. (Z. 22–24)
F) ☐ Wer viel weiß, kommt in Befragungen zu besseren Ergebnissen.<table>
<tr><td>Buchstabe:</td><td>Korrekte Antwort:</td></tr>
<tr><td>C</td><td>Nur 6 Prozent der Deutschen denken, es gäbe heute weniger Tote als früher. (Z. 5–8)</td></tr>
<tr><td>D</td><td>Ende des 21. Jahrhunderts gibt es rund 2 Milliarden Kinder, also gleich viele wie heute. (Z. 16–18)</td></tr>
<tr><td>F</td><td>Gebildete Menschen und Fachleute schneiden nicht besser ab. (Z. 26/27)</td></tr>
</table></td><td>6</td></tr>
<tr><td>6. Worauf bezieht sich der Titel?</td><td>Auf die Wahrscheinlichkeit, dass Schimpansen bei Umfragen besser abschneiden würden als Menschen, denn Affen würden einfach raten. (Z. 22–25)</td><td>2</td></tr>
<tr><td>7. Wie erklärt der befragte Forscher unseren starken Hang zum Pessimismus? Antworten Sie in kurzen Sätzen.</td><td>Unsere Vorfahren mussten ständig um das Überleben kämpfen. Er denkt, dass daher der Pessimismus (das Schwarzsehen) angeboren ist. Auch heute sind wir noch immer auf Gefahren und auf das Negative fixiert. (Z. 32–35)</td><td>3</td></tr>
</table>

Aufgaben/Fragen	Lösungen/Antworten	Pt.
1. Finden Sie mindestens ein Wort mit gleicher oder ähnlicher Bedeutung (Synonym). Schreiben Sie es so, dass es genau in den Text passt.	gierige – Z. 3 – gefrässige/nimmersatte/unersättliche trübst – Z. 3 – verunreinigst/verschmutzest/verdreckst übel – Z. 6 – schlecht/bös/negativ/gemein Ursache – Z. 10 – Grund/Antrieb/Bedürfnis höhnisch – Z. 11 – spöttisch/hinterlistig/hämisch entsprang – Z. 17 – kam dazu/sprang hinzu	6
2. Um was für eine Textsorte handelt es sich bei den drei Texten?	Textsorte: Fabel	1
3. Nennen Sie typische Merkmale dieser Textsorte.	Inhaltliche Merkmale: Tiere, die sprechen können und menschliche Eigenschaften haben; Konfliktsituation mit einer Lehre (Moral) Formale und sprachliche Merkmale: meist kurze Texte, einfache Alltagssprache, viel Dialog mit Rede und Gegenrede.	4
4. Weshalb wurden und werden solche Texte geschrieben? Was ist die Schreibabsicht?	Gesellschaftliche Zustände sollen auf eine indirekte Art kritisiert werden, zum Beispiel Ungerechtigkeit, Machtmissbrauch, Unterdrückung etc. Die Texte sollen zum Nachdenken anregen.	2
5. Was ist die Hauptaussage? Wählen Sie aus den fünf Vorschlägen die passenden aus und ordnen Sie diese den drei Texten zu.	Der Stärkere biegt sich die Wahrheit zurecht und setzt seine Macht rücksichtslos durch. – Text Nr. 1 Der Schwächere sollte sich niemals mit einem Stärkeren einlassen. – Text Nr. Mit Bildung kann man sich vor Machtübergriffen anderer schützen. – Text Nr. 3 Wenn man die Mächtigen gut behandelt, können sie durchaus auch nett sein. – Text Nr. Wenn der Schwächere in Sicherheit ist, kann er den Stärkeren provozieren. – Text Nr. 2	3
6. Text Nr. 2: »Der Wolf und das Schaf«: Kreuzen Sie die zwei korrekten Aussagen an. Erklären Sie, was bei den falschen Aussagen korrekt wäre.	A) ☒ Das Schaf weiß, dass es vor dem Wolf sicher ist. B) ☐ Der Wolf greift das Schaf nicht an, weil er nicht schwimmen kann. C) ☒ Der Wolf lässt sich nicht provozieren und wartet auf eine bessere Gelegenheit. D) ☐ Der Wolf ist stolz darauf, dass er so geduldig ist. Buchstabe: – Korrekte Antwort: B – Er greift das Schaf nicht an, weil der Fluss zu breit ist. (Z. 14/15) D – Er ist stolz darauf, dass er trotz der Provokation der Mächtigere ist. (Z. 16)	4
7. Der zweite und der dritte Text beziehen sich auf den Äsop-Text. Wo wird dies deutlich? Zitieren Sie die Textstellen.	Zitat aus dem zweiten Text: »Habe ich dir nicht vor sechs Wochen nachgeschimpft? Wenigstens wird es mein Vater gewesen sein.« (Z. 13/14) Zitat aus dem dritten Text: »Danke«, rief das Lamm zurück, »ich habe im Aesop gelesen.« (Z. 19)	2

Aufgaben/Fragen	Lösungen/Antworten	Pt.
1. Finden Sie mindestens ein Wort mit gleicher oder ähnlicher Bedeutung (Synonym). Schreiben Sie es so, dass es genau in den Text passt.	verknöcherte – Z. 3 – sture/geistig unflexible Pedanten – Z. 3 – Kleingeister/Erbsenzähler Neuerer – Z. 12 – Kritiker/Umstürzler/Revoluzzer obrigkeitlicherseits – Z. 20 – staatlicherseits/von der Regierung sorgfältige Zucht – Z. 21/22 – gründliche Drill/gezielte Abrichtung der Kaserne – Z. 22 – im Militärdienst/in der Militärausbildung	6
2. Beantworten Sie stichwortartig die vier Fragen.	Was für eine Erzählsituation liegt vor? – auktoriale (allwissende) Erzählsituation Welches sind die beiden Hauptfiguren? – der Rektor der Schule, der Schüler Hans Giebenrath Wessen Meinung und Haltung wird dargestellt? – die des Rektors, der Schule, der Lehrer, der Erwachsenen Was ist das Thema? – Erziehung des Menschen zu braven Bürgern und gehorsamen Soldaten	4
3. Von welcher Redensart ist der Titel abgeleitet? Wie kann die Redensart auf den Text bezogen werden?	Redensart: unter die Räder kommen/geraten Bezug: Durch die hohen Erwartungen der Erwachsenen wird Hans Giebenrath wie von einem großen, schweren Rad überfahren und zerdrückt.	3
4. Analysieren Sie die Erzählstruktur. Geben Sie die genauen Zeilen an.	Erzählbericht – Zeilen: 1–2 und 23–25 Sicht der Schule, der Gesellschaft – Zeilen: 2–22 Meinung des Rektors – Zeilen: 23 (erster Satz) Sicht der Schüler – Zeilen: nicht im Text	4
5. Worin besteht der Zynismus der beiden Textstellen?	Textstellen: / Ist zynisch, denn … »… so muss die Schule den natürlichen Menschen zerbrechen, besiegen und gewaltsam einschränken; …« (Z. 18/19) – … die Schule sollte die Menschen aufbauen und stärken, nicht vernichten. »Wie schön hatte sich der kleine Giebenrath entwickelt!« (Z. 23) – … dieses positive Bild macht sich der Rektor; dem Schüler geht es in Wahrheit sehr schlecht.	4
6. Was für ein Menschenbild liegt den Äußerungen in den Zeilen 14–19 zugrunde? Begründen Sie Ihre Antwort.	Menschenbild: ein sehr negatives Menschenbild Begründung: Der Mensch wird als unberechenbar und gefährlich dargestellt. Sein natürliches Wesen muss durch die Schule (den Staat) zerbrochen werden.	2
7. Hermann Hesse verfasste die Erzählung 1903. Ordnen Sie den Text in den historischen Kontext der Jahre 1914 bis 1945 ein.	1914 begann der Erste Weltkrieg, 1933 kam Hitler an die Macht, 1939 kam es zum Zweiten Weltkrieg. Das von Hermann Hesse kritisierte Erziehungssystem war eine Grundlage für diese beiden brutalen Kriege.	4

Aufgaben/Fragen	Lösungen/Antworten	Pt.
1. Finden Sie mindestens ein Wort mit gleicher oder ähnlicher Bedeutung (Synonym). Schreiben Sie es so, dass es genau in den Text passt.	keinen guten Klang – Z. 2 – keinen guten Ruf/ein schlechtes Image weist – Z. 5 – zeigt auf/macht sichtbar Branche – Z. 14 – Geschäftssparte/Wirtschaftszweig Drei Viertel – Z. 18 – Drei von vier/75 Prozent verschlingt – Z. 19 – verbraucht/verschwendet globalen – Z. 24 – weltweiten/gesamten	6
2. Welche drei Themen stehen im Vordergrund. Kreuzen Sie an.	☒ Kleider-Sharing ☐ Online-Handel ☒ Wegwerfmentalität ☐ Tchibo-Konzern ☒ Ökologische Folgen ☐ Konsumsucht	3
3. Kreuzen Sie an. ✓ = stimmt – = stimmt nicht ? = kann aus dem Text heraus nicht beantwortet werden.	Aussagen: ✓ / – / ? Tchibo bietet viele verschiedene Produkte an. – ✓ X Greenpeace ist gegen das Kleider-Sharing. – – X Das Kundenverhalten fördert die Massenproduktion. – ✓ X Die Deutschen kaufen immer weniger Kleider. – ? X Der Autor macht selbst mit beim Kleider-Mietservice. – ? X Im Artikel werden zwei Mode-Designerinnen zitiert. – ✓ X	6
4. Die Kleiderproduktion hat stark zugenommen. Nennen Sie stichwortartig drei im Text erwähnte Ursachen und Folgen.	Ursachen der Zunahme: / Folgen der Zunahme: höhere Kaufkraft in Schwellenländern / in produzierenden Ländern sinkt der Grundwasserspiegel rascher Kollektionswechsel bei den Modefirmen / gesundheitliche Schäden bei den Arbeiterinnen und Arbeitern Kunden kaufen sehr viel (Online-Handel) / die Böden werden ausgelaugt	6
5. Der Autor kritisiert direkt oder indirekt die Kundinnen und Kunden. Zitieren Sie dazu drei Textstellen mit Zeilenangabe.	Textstelle 1: ... in harmonischer Zusammenarbeit mit ihren Kunden. (Z. 9) Textstelle 2: Die Kunden spielen mit. ... machen jede Mode mit. (Z. 15/16) Textstelle 3: Drei Viertel aller Kleidungsstücke landen auf der Deponie oder werden verbrannt. (Z. 18)	3
6. Nennen Sie die Zeilen, in denen das Thema »Kleidertausch« im Zentrum steht.	Zeilen: 1–5 und 29–32 Wie wird die Idee bewertet? ☐ negativ ☐ neutral ☒ positiv	2
7. In den Zeilen 23–25 verwendet der Autor die Verbformen *sinke, bedrohe, stehe.* Weshalb?	Diese Verben stehen im Konjunktiv I und zeigen damit an, dass der Autor die Meinung des WWF in der indirekten Rede wiedergibt.	2

<table>
<tr><th>Aufgaben/Fragen</th><th>Lösungen/Antworten</th><th>Pt.</th></tr>
<tr><td>1. Finden Sie mindestens ein Wort mit gleicher oder ähnlicher Bedeutung (Synonym). Schreiben Sie es so, dass es genau in den Text passt.</td><td><table>
<tr><td>Steigerung</td><td>Z. 2</td><td>Erhöhung/Verbesserung</td></tr>
<tr><td>Status</td><td>Z. 12</td><td>Ansehen/Stellung/Image</td></tr>
<tr><td>geringeren</td><td>Z. 14</td><td>schwächeren/tieferen</td></tr>
<tr><td>Wohlbefinden</td><td>Z. 14</td><td>Wohlergehen/Wohlsein/Zufriedenheit</td></tr>
<tr><td>allein</td><td>Z. 20</td><td>bloß/nur</td></tr>
</table></td><td>5</td></tr>
<tr><td>2. Vervollständigen Sie die Tabelle. Nennen Sie Beispiele, die im Text stehen.</td><td><table>
<tr><td>Faktoren:</td><td>Motivatoren</td><td>Hygienefaktoren</td></tr>
<tr><td>Art der Motivation:</td><td>intrinsisch
= innere Motivation</td><td>extrinsisch
= äußere Motivation</td></tr>
<tr><td>Zwei Beispiele:</td><td>Sinn der Arbeit
Anerkennung</td><td>Lohn
Arbeitsplatzsicherheit</td></tr>
</table></td><td>4
(je ½)</td></tr>
<tr><td>3. Setzen Sie die passenden Begriffe ein.</td><td>Die Herzberg-Theorie besagt, dass vor allem die innere Motivation wichtig ist für unsere allgemeine Zufriedenheit. Fehlt beispielsweise diese Motivation können äußere Motivationsfaktoren wie zum Beispiel ein hoher Lohn wenig bewirken. Hingegen können engagierte, motivierte Mitarbeitende durch ein schlechtes/negatives Arbeitsklima frustriert werden, was die Arbeitsleistung verschlechtern/senken/vermindern kann.</td><td>6</td></tr>
<tr><td>4. Welche beiden Aussagen stimmen gemäß Text?</td><td>☐ Die Herzberg-Theorie gilt heute als widerlegt.
☒ Die von Herzberg dargestellten Zusammenhänge werden hinterfragt.
☐ Ein hohes Ansehen ist die wichtigste Motivation für gute Leistung.
☒ Untersuchungen zeigen, dass auch extrinsische Faktoren wichtig sind.
☐ Die Herzberg-Theorie wurde Ende des 19. Jahrhunderts entwickelt.</td><td>2</td></tr>
<tr><td>5. Wie ist der Text inhaltlich gegliedert? Setzen Sie kurze passende Zwischentitel ein.</td><td><table>
<tr><td>Zeilen:</td><td>Zwischentitel:</td></tr>
<tr><td>1–3</td><td>Einleitung</td></tr>
<tr><td>4–10</td><td>Motivatoren/intrinsische Motivation</td></tr>
<tr><td>11–24</td><td>Die Hygienefaktoren/extrinsische Motivation</td></tr>
<tr><td>25–28</td><td>Kritik an der Theorie</td></tr>
</table></td><td>4</td></tr>
</table>

11 Lösungen – Aufgaben zum Textverständnis S. 50

<table>
<tr><th>Aufgaben/Fragen</th><th>Lösungen/Antworten</th><th>Pt.</th></tr>
<tr><td>1. Finden Sie mindestens ein Wort mit gleicher oder ähnlicher Bedeutung (Synonym). Schreiben Sie es so, dass es genau in den Text passt.</td><td>merkwürdige | Z. 1 | komische/eigenartige/spezielle
exakte | Z. 4 | genaue/präzise
Substanzen | Z. 9 | Stoffe/Materialien/Bestandteile
gröbster (Sorte) | Z. 17 | einfachster/primitivster (Art)
fernerhin | Z. 21 | weiterhin/zukünftig
entschlüpfte | Z. 22 | entwischte/entfloh/entkam/entlief</td><td>6</td></tr>
<tr><td>2. Beantworten Sie die Fragen stichwortartig oder mit einem kurzen Satz.</td><td>Wo spielt die Geschichte? | irgendwo auf der Erde
Wer ist mit »wir« gemeint? | außerirdische Wesen, außerirdische Forscher
Wer sind die »merkwürdigen Lebewesen«? | Menschen
Aus welcher Perspektive wird berichtet? | Aus der Perspektive der außerirdischen Wesen
Was machen die Protagonisten? | Sie untersuchen einen Menschen.</td><td>5</td></tr>
<tr><td>3. Um was für eine Textsorte handelt es sich?
Was sind typische Merkmale?
Was ist die Schreibabsicht?</td><td>Textsorte: Satire
Typische Merkmal dieser Textsorte: Übertreibung, Zuspitzung, Verfremdung
Schreibabsicht: indirekt kritisieren, zum Nachdenken anregen</td><td>3</td></tr>
<tr><td>4. Was ist mit diesen Bezeichnungen gemeint?</td><td>Gewirr feiner und feinster Röhren (Z. 7): = Blutbahnen; Adern und Venen
eine kleine Pumpe (Z. 10) = Herz
weiche Folie (Z. 13) = Haut
Reaktionszentrum (Z. 15/16) = Gehirn
(simple) Werkzeuge (Z. 19) = Arme und Beine
Betriebsstoff (Z. 20/21) = Nahrung</td><td>3
(je ½)</td></tr>
<tr><td>5. Was wurde über das »merkwürdige Lebewesen« herausgefunden? Ergänzen Sie den Satz.</td><td>Das Wesen ist körperlich sehr einfach/primitiv gebaut. Seine Bewegungen sind eher ungeschickt/schwerfällig. Das Wesen produziert einfache Gefühle wie Angst, Freude und Hass. Überraschenderweise ist das Wesen äußerst listig/schlitzohrig/gerissen.</td><td>3</td></tr>
<tr><td>6. Was ist die Kernaussage?</td><td>Die herausragende Qualität des Menschen ist seine Listigkeit.

Aus (zeitlicher) Distanz betrachtet relativiert sich unser Überlegenheitsgefühl.</td><td>2</td></tr>
<tr><td>7. Beschreiben Sie stichwortartig den Schreibstil.</td><td>sachlicher, nüchterner Berichtstil mit wissenschaftlichen Fachbegriffen
meist eher kurze, einfache Sätze</td><td>2</td></tr>
</table>

12 Lösungen – Aufgaben zum Textverständnis S. 52

<table>
<tr><th>Aufgaben/Fragen</th><th>Lösungen/Antworten</th><th>Pt.</th></tr>
<tr><td>1. Finden Sie mindestens ein Wort mit gleicher oder ähnlicher Bedeutung (Synonym). Schreiben Sie es so, dass es genau in den Text passt.</td><td>Bescheidenheit | Z. 6 | Anspruchslosigkeit/Demut
gedeutet | Z. 6 | ausgelegt/interpretiert/verstanden
erhoben | Z. 14 | beachtet/geachtet/erhöht
Irrtum | Z. 14 | Versehen/Missverständnis</td><td>4</td></tr>
<tr><td>2. Beantworten Sie die vier Fragen stichwortartig.</td><td>Handlungsort: Wo spielt die Geschichte? | in einem Lokal (Restaurant, Kaffeehaus)
Personen: Welches sind die Protagonisten? | der fremde Mann
die anderen Leute/Gäste
Weshalb nehmen die Leute Kontakt mit dem Mann auf? | Sie halten ihn für eine berühmte Person.</td><td>3</td></tr>
<tr><td>3. Fassen Sie die Handlung in eigenen Worten zusammen. Verwenden Sie das Präsens.</td><td>Ein Mann sitzt schon längere Zeit wortlos an einem Tisch.
Dann… nehmen andere plötzlich mit ihm Kontakt auf, weil sie glauben, dass er berühmt sei. Der Angesprochene reagiert verlegen. Die Leute merken nun, dass es sich um eine Verwechslung handeln muss. Sie gehen zurück an ihre Tische und beachten ihn nicht mehr. Der Mann bleibt noch lange sitzen und geht dann grußlos weg.</td><td>4</td></tr>
<tr><td>4. Beschreiben Sie das Verhalten der Menschen mit je drei passenden Adjektiven.</td><td>Verhalten vorher (Z. 3–5): freundlich/nett, ehrfürchtig, respektvoll

Verhalten nachher (Z. 9–12): verlegen, abweisend, respektlos</td><td>3 (je ½)</td></tr>
<tr><td>5. Welche Kernaussage passt am besten zur Geschichte?</td><td>☐ Berühmte Menschen haben es leichter im Leben.
☒ Wir neigen dazu, andere entsprechend ihres Status zu behandeln.
☐ Fremde bleiben immer fremd.</td><td>1</td></tr>
<tr><td>6. Wie ist der letzte Abschnitt (Z. 13–17) zu interpretieren? Antworten Sie in kurzen Sätzen.</td><td>Dem Mann ist bewusst geworden, dass die Leute ihn bloß solange freundlich und respektvoll behandelten, als sie ihn für eine berühmte Person hielten. Danach wendeten sie sich ab, ließen ihn fallen. Er ist enttäuscht und fühlt sich gedemütigt, deshalb verlässt er den Ort ohne Verabschiedung.</td><td>2</td></tr>
<tr><td>7. Der Autor verwendet mehrfach »man«. Welche Funktion hat dieses Indefinitpronomen?</td><td>Das Pronomen »man« verstärkt einerseits die Anonymität. Andererseits zeigt der Autor damit, dass keine bestimmte Personengruppe gemeint ist, sondern das Verhalten auf alle Menschen übertragen werden kann.</td><td>2</td></tr>
<tr><td>8. »Der Fremde« gehört zur Textsorte Kurzgeschichte. Unterstreichen Sie die passenden Begriffe.</td><td>Eine Kurzgeschichte ist wie eine Karikatur/<u>Momentaufnahme</u> aus dem Leben eines Menschen. Dabei geht es oftmals um ein <u>prägendes</u>/amüsantes Ereignis oder Erlebnis. Die Geschichte beginnt <u>unmittelbar</u>/langsam und hat meist einen geschlossenen/<u>offenen</u> Schluss. Der Spannungsaufbau führt zu einer überraschenden Wende, auch Drama/<u>Pointe</u> genannt. Die Autorinnen und Autoren verwenden Alltagssprache mit einer <u>minimalistischen</u>/saloppen Ausdrucksweise.</td><td>3 (je ½)</td></tr>
</table>

<table>
<tr><th>Aufgaben/Fragen</th><th>Lösungen/Antworten</th><th>Pt.</th></tr>
<tr><td>1. Finden Sie mindestens ein Wort mit gleicher oder ähnlicher Bedeutung (Synonym). Schreiben Sie es so, dass es genau in den Text passt.</td><td><table>
<tr><td>Schlange</td><td>Z. 6</td><td>Wartereihe/Wartekolonne</td></tr>
<tr><td>leibhaftig</td><td>Z. 12</td><td>höchstpersönlich/persönlich/selbst/echt</td></tr>
<tr><td>(kalt) musterte</td><td>Z. 15</td><td>begutachtete/anschaute/taxierte</td></tr>
<tr><td>schlagartig</td><td>Z. 17</td><td>sofort/unvermittelt/plötzlich</td></tr>
<tr><td>unfassbar</td><td>Z. 18</td><td>unglaublich/unvorstellbar/unbegreiflich</td></tr>
</table></td><td>5</td></tr>
<tr><td>2. Beantworten Sie stichwortartig folgende Fragen zum Textauszug.</td><td><table>
<tr><td>Kontext: Was ist der politische Hintergrund?</td><td>Grenzöffnung zwischen Ost- und Westdeutschland/Mauerfall</td></tr>
<tr><td>Thema: Worum geht es im Textauszug?</td><td>Erste Besuche eines jungen ostdeutschen Paares in Westdeutschland</td></tr>
<tr><td>Personen: Wer sind die beiden Protagonisten?</td><td>Johannes und Maria, die Ich-Erzählerin</td></tr>
<tr><td>Handlungsräume: Wo spielen sich die Szenen ab?</td><td>Grenzgebiet DDR-BRD
München</td></tr>
<tr><td>Zeit: Welches sind die beiden Zeiträume?</td><td>November 1989
Juli 1990</td></tr>
</table></td><td>5</td></tr>
<tr><td>3. Wie hat die Autorin die Erzählung gestaltet? Ergänzen Sie die Tabelle. Für die Spalte »Form« finden Sie sieben Begriffe zur Auswahl.</td><td><table>
<tr><td>Zeilen:</td><td>Form:</td><td>Zeitform:</td><td>Inhalt:</td></tr>
<tr><td>1–5</td><td>Erzählbericht (Teil 1)</td><td>Präsens</td><td>Entschluss, nach München zu fahren</td></tr>
<tr><td>6–15</td><td>Rückblende</td><td>Präteritum</td><td>erster Besuch im Westen</td></tr>
<tr><td>7/8</td><td>indirekte Rede</td><td>—</td><td>»… als ich ihn fragte, wie …«</td></tr>
<tr><td>20–26</td><td>Erzählbericht (Teil 2)</td><td>Präsens</td><td>Besuch in München</td></tr>
<tr><td>23</td><td>Vorausdeutung</td><td>Präsens</td><td>»Johannes aber hat einen Plan.«</td></tr>
</table>
Begriffe für die Spalte »Form«: direkte Rede/Vorausdeutung/Rückblende/innerer Monolog/indirekte Rede/Erzählbericht (Teil 1 und 2)/Dialog</td><td>5
(je ½)</td></tr>
<tr><td>4. Vergleichen Sie die Außenwelt mit der Innenwelt, den Gefühlen. Welche Zusammenhänge stellen Sie fest? Erklären Sie in kurzen Sätzen.</td><td>Zusammenhang Außen- und Innenwelt beim ersten Besuch:
Es ist Herbst (November), das Wetter schlecht (»schneeregenkalt«), dazu stundenlanges Warten am Grenzübergang im »eiskalten« Auto. Die Gefühlslage wird beschrieben mit »demütigend«, »erniedrigend«, »enttäuscht«: Außen- und Innenwelt stimmen überein.
Zusammenhang Außen- und Innenwelt beim zweiten Besuch:
Auch hier stimmen Außenwelt und Gefühle überein: Es ist Sommer (Juli), schönes Wetter (»geöffnete Fenster«); die beiden Protagonisten fühlen sich »göttlich«, schlendern neugierig durch die Stadt.</td><td>4</td></tr>
<tr><td>5. Analysieren Sie die Wortwahl und die Satzstrukturen. Wie gut passt der Schreibstil zur Ich-Erzählerin?</td><td>Wortwahl und Satzbau: einfacher, gut verständlicher Alltagswortschatz; kurze Sätze und Ellipsen (»Vor ihr am meisten«, Z. 4); vorwiegend Aktivsätze im Verbalstil (»Wir beschließen, nach München zu fahren …«).
Schreibstil und Ich-Erzählerin: Die einfache Ausdrucksweise und die aktive (dynamische) Satzgestaltung passen sehr gut zur jungen 17-jährigen Ich-Erzählerin; der Schreibstil wirkt echt/glaubwürdig/authentisch.</td><td>4</td></tr>
</table>

Aufgaben/Fragen	Lösungen/Antworten	Pt.
1. Finden Sie mindestens ein Wort mit gleicher oder ähnlicher Bedeutung (Synonym). Schreiben Sie es so, dass es genau in den Text passt.	fordert – Z. 10 – verlangt/will Herausforderung – Z. 13 – Schwierigkeit/heikle Aufgabe hämischer – Z. 19 – spöttischer/höhnischer/verächtlicher irritiert – Z. 27 – verunsichert/verwirrt/verängstigt	4
2. Beantworten Sie stichwortartig die W-Fragen zum Kontext und zum Inhalt.	Kontext: Wann wurde der Text publiziert? – 7. August 2017 Wer hat ihn verfasst? – Claudia Fromme, Journalistin Wo fand das Gespräch statt? – in Berlin/Hasenheide, Kreuzberg Was ist es für eine Textsorte? – Porträt Inhalt: Welche Person steht im Zentrum? – Lann Hornscheidt, 51-jährig Was ist ihr Beruf? – Profx. für Gender Studies und Sprachanalyse Was ist das Hauptthema? – sprachliche Genderbezeichnung Was ist ein Nebenthema? – Reaktion in den sozialen Medien, Hornscheidts Kampf für Geschlechtsneutralität im Pass	4 (je ½)
3. Beschreiben Sie in kurzen Sätzen die besondere Situation und das Anliegen der Hauptperson.	Die porträtierte Person trug mehr als 30 Jahre lang den weiblichen Vornamen Antje. Doch sie fühlt sich weder als Frau noch als Mann. Sie setzt sich heute dafür ein, dass in offiziellen Dokumenten wie z. B. im Pass zukünftig kein Geschlecht mehr steht.	4
4. Was ist gemeint mit dieser Aussage? Erklären Sie in einem Satz.	Aussage: Vielleicht ist Zweigeschlechtlichkeit an sich eine Konstruktion (Z. 26/27) Erklärung: Möglicherweise ist die Aufteilung in männlich und weiblich nur eine fixe Idee, eine menschliche Vorstellung und entspricht nicht der Realität.	2
5. Vergleichen Sie die drei Vornamen. Was stellen Sie in Bezug auf die Genderdiskussion fest? Antworten Sie in kurzen Sätzen.	Vornamen: Anna – Paul – Lann In unserem Kulturkreis verbinden wir »Anna« automatisch mit einer weiblichen Person und »Paul« mit einer männlichen Person. Den Vornamen »Lann« ordnen wir hingegen nicht automatisch einem Geschlecht zu.	2
6. Wie geht die Hauptperson mit den Anfeindungen in den sozialen Medien um? Kreuzen Sie an.	☐ Sie ignoriert sie. ☒ Sie nimmt sie sachlich zur Kenntnis. ☐ Sie ist verärgert. ☒ Sie hat ein gewisses Verständnis dafür.	2
7. Was war die besondere sprachliche Herausforderung der Journalistin?	Sie musste darauf achten, keine geschlechtsspezifischen Pronomen wie »er« und »sie« oder »die« und »der« zu verwenden.	2

Aufgaben/Fragen	Lösungen/Antworten	Pt.
1. Finden Sie mindestens ein Wort mit gleicher oder ähnlicher Bedeutung (Synonym). Schreiben Sie es so, dass es genau in den Text passt.	Revolte – Z. 1 – Empörung / Auflehnung / Aufstand ausgiebigen – Z. 2 – ausgedehnten / üppigen / langen in Rage – Z. 4 – in Wut / in Zorn / in Raserei Gutteil – Z. 7 – Großteil / Hauptteil bescheiden – Z. 14 – mäßig / relativ schwach / schlecht verlässlich – Z. 16 – zuverlässig / gewissenhaft	6
2. Beantworten Sie folgende Fragen stichwortartig oder mit einem kurzen Satz.	Was macht Jochen Kalz beruflich? – Geschäftsführer von »Kalz Brandschutz und Elektrotechnik« Was ist sein Hauptproblem? – Er findet keine qualifizierten Angestellten für seinen Betrieb. Worin besteht Kalz' neue Idee? – Er formuliert seine Stellenausschreibung bewusst negativ, um sich von den anderen Stellenanzeigen abzuheben. Ist er mit seiner Strategie erfolgreich? – Ja, es melden sich 25 Personen. Er kann zwei Personen einstellen. In welcher Form fand das Gespräch mit Kalz statt? – Telefongespräch (Z. 10 und 31)	5
3. Ergänzen Sie die Gegenüberstellung. Verwenden Sie eigene Begriffe.	in üblichen Stellenanzeigen: / in der Anzeige von Jochen Kalz: überregional tätiger Dienstleister / Möchtegernunternehmen Chef: kompetent und strukturiert / Chef: unfähig und chaotisch Gesucht werden: motivierte, fleißige Spezialisten / Gesucht werden: uninteressierte, faule Nichtskönner / Dilettanten	4
4. Erklären Sie, was mit dieser Aussage gemeint ist, indem Sie den Satz in eigenen Worten formulieren.	Aussage: Es ist kalt da draußen, unbarmherzig, nicht lustig. (Z. 20) Erklärung: Die wirtschaftliche Konkurrenz ist hart und der Kampf um gute Arbeitskräfte sehr schwierig.	2
5. Wie ist der Titel zu verstehen?	In Bezug auf den Arbeitsmarkt: Der Arbeitsmarkt ist ausgetrocknet; es gibt zu wenig qualifizierte Personen. In Bezug auf Kalz' Stellenbesetzung: Die Suche nach qualifizierten Personen ist ein Fulltime-Job, eine Vollbeschäftigung.	2
6. Wie lauteten die Sätze, wenn der Autor die zitierten Aussagen in der indirekten Rede wiedergegeben hätte?	»Das Ergebnis war bescheiden«, fasst Kalz seine Erfahrungen aus diesen zwei Jahren zusammen. »Niemand war qualifiziert, niemand schien verlässlich.« (Z. 14–16) Das Ergebnis sei bescheiden gewesen, fasst Kalz seine Erfahrungen aus diesen zwei Jahren zusammen. Niemand sei qualifiziert gewesen, niemand habe verlässlich geschienen.	3

Aufgaben/Fragen	Lösungen/Antworten	Pt.
1. Finden Sie mindestens ein Wort mit gleicher oder ähnlicher Bedeutung (Synonym). Schreiben Sie es so, dass es genau in den Text passt.	gliederte – Z. 3 – unterteilte/teilte auf/strukturierte lanciert – Z. 11 – herausgebracht/eingeführt Zerwürfnis – Z. 15 – Auseinandersetzung/Streit/Zwist kreativsten – Z. 21 – schöpferischsten/erfinderischsten	4
2. Welcher Titel würde ebenfalls zur zweiten Geschichte passen?	☐ So wird man erfolgreich. ☐ Nur die Arbeit macht uns zufrieden! ☒ Betrachten Sie eine Krise immer auch als Chance! ☐ Auch Arbeitslose können kreativ sein.	1
3. Setzen Sie die Ereignisse und die Jahreszahl an die passende Stelle auf der Zeitachse.	Geburt – Feb. 1955 Gründung Apple – 1975 Macintosh – 1984 Entlassung – 1985 (Juni) Rede – 2005 Tod – Okt. 2011 Ereignisse: Entlassung/Gründung Apple/Rede/Macintosh	4 (je ½)
4. Erklären Sie in eigenen Worten, was Steve Jobs mit dieser Aussage meint.	»Anstelle der Last, erfolgreich zu sein, trat die Leichtigkeit des Anfängers, der unsicher sein darf.« (Z. 20/21) Erklärung: Steve Jobs war vom Erfolgsdruck befreit; er war nun wieder ein Anfänger und durfte Fehler machen.	2
5. Beurteilen Sie Steve Jobs' Redestil und beschreiben Sie mit drei passenden Adjektiven die Wirkung.	Redestil: ☐ schöngeistige, eher gehobene Ausdrucksweise (»Literaten-Stil«) ☒ einfache, anschauliche Alltagssprache (»Parlando-Stil«) ☐ nüchterne, eher sachliche Ausdrucksweise (»Bürokraten-Stil«) Wirkung der Rede: persönlich/echt/offen/emotional/sympathisch/authentisch/ehrlich	2 (je ½)
6. Steve Jobs verwendet in seiner Rede verschiedene Sprachbilder (Metaphern). Was meint er mit folgenden Bildern? Erklären Sie in eigenen Worten.	»… ist das Herz von Apples aktueller Renaissance.« (Z. 26) ist das Kernstück des aktuellen Neubeginns »Es war eine bittere Pille …« (Z. 29) Es war eine schwierige Sache. »Manchmal wirft einem das Leben etwas an den Kopf.« (Z. 29/30) Ab und zu wird man mit unerwarteten Problemen konfrontiert.	3
7. Neben Sprachbildern kommen noch andere Redemerkmale vor, so die direkte Anrede und Appelle. Zitieren Sie vier Textstellen aus den Zeilen 28–37, in denen diese beiden Redemerkmale vorkommen.	Textstellen mit direkter Anrede und Appell: – Zeilen: Verlieren Sie in solchen Situationen nicht das Vertrauen. – 30 Sie müssen herausfinden, was Sie lieben. – 31/32 … suchen Sie weiter. – 34 Suchen Sie, bis Sie es finden. Geben Sie sich nicht zufrieden. – 36/37	4

<table>
<tr><th>Aufgaben/Fragen</th><th>Lösungen/Antworten</th><th>Pt.</th></tr>
<tr><td>1. Finden Sie mindestens ein Wort mit gleicher oder ähnlicher Bedeutung (Synonym). Schreiben Sie es so, dass es genau in den Text passt.</td><td>
<table>
<tr><td>barsche</td><td>Z. 13</td><td>schroffe/harsche/ruppige</td></tr>
<tr><td>Gehaltsrückstufung</td><td>Z. 14</td><td>Gehaltsreduktion/Lohneinbuße</td></tr>
<tr><td>Gelassenheit</td><td>Z. 20</td><td>Lockerheit/Ruhe/Ausgeglichenheit</td></tr>
<tr><td>morschen</td><td>Z. 24/25</td><td>verfaulten/brüchigen</td></tr>
</table>
</td><td>4</td></tr>
<tr><td>2. Beantworten Sie stichwortartig folgende Fragen.</td><td>
<table>
<tr><td>Was ist die Textfunktion?</td><td>Kritik (Gesellschaftskritik) üben</td></tr>
<tr><td>Was ist die Textintention?</td><td>Zum Nachdenken (über die Werbung) anregen</td></tr>
<tr><td>Was ist das Thema?</td><td>Der mögliche Einfluss der Werbung auf unser Alltagsleben (Verhalten)</td></tr>
<tr><td>Was ist es für eine Textform?</td><td>Satire (satirische Erzählung)</td></tr>
</table>
</td><td>4</td></tr>
<tr><td>3. Worauf bezieht sich der Titel? Worauf bezieht er sich nicht? Antworten Sie in kurzen Sätzen.</td><td>Das »erregende Leben« bezieht sich auf das Leben, das die Werbung verspricht, auf die Wunschwelt, auf eine Illusion. Er bezieht sich nicht auf das alltägliche Leben mit all seinen Problemen.</td><td>2</td></tr>
<tr><td>4. Der Autor arbeitet mit Widersprüchen zwischen der realen Welt des Ich-Erzählers und den Versprechungen der Werbung. Ergänzen Sie die Gegenüberstellung.</td><td>
<table>
<tr><th>Abschnitt:</th><th>Wirklichkeit, reale Welt:</th><th>Welt der Werbung:</th></tr>
<tr><td>1</td><td>dünne, hellhörige Wände
defekte Brause</td><td>Mundwasser B., Lebenslust, wohlduftendes Duschgel</td></tr>
<tr><td>2</td><td>verstopfte Straßen
Abgase</td><td>neues Auto, starker Motor
Zigarette, Playboy</td></tr>
<tr><td>3</td><td>barsche Chefworte
Gehaltsrückstufung</td><td>neues Hemd, neuer Kugelschreiber, Einkaufsbummel mit charmanter Begleitung, Getränke</td></tr>
<tr><td>4</td><td>hohe unbezahlte Rechnungen (Schulden)</td><td>Stereoanlage, Musik
exklusive Unterwäsche</td></tr>
<tr><td>5</td><td>morsches Geländer
kaputte Treppe</td><td>blonde, langbeinige Frauen
Sekt und Sex</td></tr>
</table>
</td><td>4</td></tr>
<tr><td>5. Zeitstruktur. Ergänzen Sie stichwortartig.</td><td>
<table>
<tr><td>Zeitliche Gliederung</td><td>chronologisch</td></tr>
<tr><td>Erzählte Zeit</td><td>vom frühen Morgen bis nach Mitternacht</td></tr>
<tr><td>Erzählzeit</td><td>rund 5 Minuten</td></tr>
<tr><td>Zeitsprünge in den Abschnitten 4 und 5</td><td>Ankommen zu Hause → Musik hören → Kinobesuch → Sekt zu Hause → einschlafen</td></tr>
</table>
</td><td>3</td></tr>
<tr><td>6. Erklären Sie, was mit folgenden Sprachbildern gemeint ist.</td><td>»Es ist ein Tag zum Bäumeausreißen.« (Z. 8/9)
ein Tag voller Kraft, Energie, Stärke
»… und alles Unbehagen ist wie weggesprudelt.« (Z. 16/17)
alle Bedenken/Sorgen/Probleme sind weg/verflogen
»… Rechnungen, die mich fast umhauen.« (Z. 18)
Rechnungen mit hohen Beträgen, die mich erschrecken</td><td>3</td></tr>
</table>

<table>
<tr><th>Aufgaben/Fragen</th><th>Lösungen/Antworten</th><th>Pt.</th></tr>
<tr><td>1. Finden Sie mindestens ein Wort mit gleicher oder ähnlicher Bedeutung (Synonym). Schreiben Sie es so, dass es genau in den Text passt.</td><td>
<table>
<tr><td>ein Statement</td><td>Z. 9</td><td>eine Botschaft/eine Ansage</td></tr>
<tr><td>Optional erhältliche</td><td>Z. 12</td><td>nicht serienmäßig vorhandene/zusätzlich wählbare</td></tr>
<tr><td>Akzente</td><td>Z. 13</td><td>Lichtblicke/Betonungen</td></tr>
<tr><td>Ein Flair</td><td>Z. 13</td><td>eine Stimmung/eine Aura</td></tr>
<tr><td>CO_2-Emissionen</td><td>Z. 24</td><td>Ausstoß von Kohlenstoffdioxid</td></tr>
</table>
</td><td>5</td></tr>
<tr><td>2. Beantworten Sie stichwortartig folgende Fragen.</td><td>
<table>
<tr><td>Was ist es für eine Textform?</td><td>Werbetext/Marketingtext</td></tr>
<tr><td>Was ist die Textintention?</td><td>Interesse wecken/zum Kauf anregen</td></tr>
<tr><td>Wer hat den Text verfasst?</td><td>BMW Marketingkommunikation</td></tr>
<tr><td>Was ist die Botschaft des ersten Abschnitts (Z. 3–7)?</td><td>Der BMW X5 ist (und bleibt) die Nummer eins auf dem Markt.</td></tr>
<tr><td>An wen ist die Botschaft gerichtet?</td><td>An potenzielle Kundinnen und Kunden</td></tr>
</table>
</td><td>5</td></tr>
<tr><td>3. Beschreiben Sie die Zielgruppe.</td><td>
☒ primär Männer
☐ primär Frauen
☐ Auto als Transportmittel
☒ Auto als Statussymbol
☒ sportliche Fahrer
☐ vorsichtige Fahrer
☐ eher Personen um die 20 Jahre
☒ eher Personen um die 40 Jahre
</td><td>2
(je ½)</td></tr>
<tr><td>4. Im Text werden ein paar typische Elemente der Werbesprache verwendet. Nennen Sie je zwei Beispiele aus dem Text.</td><td>
<table>
<tr><td>Elemente:</td><td>Beispiele:</td></tr>
<tr><td>Personifizierung</td><td>Der Boss ist da (Z. 3)/ins Gesicht geschrieben (Z. 3)/wenn er tief Luft holt (Z. 4/5)/wer die Führung übernimmt (Z. 5/6)/weiß der neue BMW X5 (Z. 7)/wie man als Erster ankommt (Z. 7)</td></tr>
<tr><td>Superlative</td><td>mit dem besten xDrive aller Zeiten (Z. 2)/höchste Fahrdynamik (Z. 6)/von seiner besten Seite (Z. 12)/den perfekten Klang (Z. 15)</td></tr>
<tr><td>Wortwiederholungen</td><td>BMW X5 (das Produkt)
besten/neu/Sicherheit</td></tr>
<tr><td>Wörter, die das Besondere betonen</td><td>edle Glaselemente (Z. 12)/exklusive Akzente (Z. 12/13)/besondere Atmosphäre (Z. 13)</td></tr>
</table>
</td><td>4
(je ½)</td></tr>
<tr><td>5. Im ersten Abschnitt steht die Werbung im Vordergrund, im letzten Abschnitt geht es um Information. Beschreiben Sie die Unterschiede.</td><td>
Sprache, Stil und Wirkung in den Zeilen 3–7:
Das Auto wird mit menschlichen Eigenschaften versehen (»Der Boss ist da«) = Personifizierung; wertende Adjektive und Superlative; kurze, dynamische Sätze, zum Teil nur Satzfragmente (Ellipsen).
Der Schreibstil wirkt dynamisch, emotional, aufdringlich, angriffslustig.

Sprache, Stil und Wirkung in den Zeilen 23–29:
Das Auto wird als Sache dargestellt (»Bei diesem Fahrzeug«); wenige, neutrale Adjektive (»offiziellen«); Fachbegriffe (»CO_2-Emissionen«); eher lange Sätze.
Der Schreibstil wirkt ruhig, statisch, sachlich, neutral.
</td><td>6</td></tr>
</table>

Aufgaben/Fragen	Lösungen/Antworten	Pt.
1. Finden Sie mindestens ein Wort mit gleicher oder ähnlicher Bedeutung (Synonym). Schreiben Sie es so, dass es genau in den Text passt.	Romandebüt – Z. 2 – Erstlingswerk/Romanerstling realisiert – Z. 3 – merkt/begreift/wird bewusst Kosmopolitin – Z. 12 – Weltbürgerin/Weltreisende überwältigend – Z. 20 – überzeugend/überragend/großartig Sog – Z. 25 – Dynamik/Zug/Wirkkraft	5
2. Beantworten Sie stichwortartig folgende Fragen.	Was ist es für eine Textform? – Buchbesprechung/Rezension Wer hat den Text verfasst? – Sandra Leis, Journalistin Was ist das Thema des Artikels? – Buch »Der Russe ist einer, der Birken liebt« von Olga Grjasnowa Wie beurteilt die Journalistin den Roman? – sehr positiv/sie bezeichnet ihn als »außergewöhnlich« (Z. 24)	4
3. Welches sind Parallelen zwischen der Autorin Olga Grjasnowa und der Romanfigur Mascha Kogan? Kreuzen Sie die korrekten Aussagen an. Erklären Sie, was bei den falschen Aussagen korrekt wäre.	A) ☒ Beide sind mehrsprachig und gut ausgebildet. B) ☐ Beide arbeiten als Schriftstellerinnen. C) ☒ Beide stammen ursprünglich aus demselben Land. D) ☒ Beide reisen gerne. E) ☐ Beide sind um die 40 Jahre alt. (Referenzjahr 2010) Buchstabe: – Korrekte Antwort: B – Olga Grjasnowa ist Schriftstellerin, die Romanfigur Mascha Kogan möchte Dolmetscherin werden. E – Beide sind 2010 um die 25 Jahre alt.	5
4. Was ist gemeint mit den unterstrichenen Textstellen? Erklären Sie in eigenen Worten.	Wer kein Deutsch spricht, hat keine Stimme (Titel) hat nichts zu sagen/wird nicht gehört/kann nicht mitbestimmen Anträge wurden entsprechend der Schwere der Akzente bewilligt. (Z. 1/2) wurden aufgrund der Deutschkenntnisse bewilligt. … Menschen, die wegen eines fremdländischen Namens oder Aussehens gegen den alltäglichen Rassismus kämpfen. (Z. 7/8) Menschen, die sich gegen Fremdenfeindlichkeit im normalen Alltag wehren. … Sog, der mitreißt in eine globalisierte Welt, die immer wieder explosiv auf eine von Kleingeistigkeit und Misstrauen beherrschte Enge prallt. (Z. 25/26) die immer wieder auf eine von Engstirnigkeit und Argwohn geprägte, kleinbürgerliche Welt stößt.	8
5. Beschreiben Sie stichwortartig die Wortwahl, den Satzbau und den Schreibstil des Textes.	Wortwahl: – Fachwortschatz (Romandebüt, Ich-Erzählerin, Migrationsliteratur, szenisch stark, wort- und bildmächtig) Satzbau: – Wechsel zwischen einfachen, kurzen Sätzen und längeren, komplexeren Satzkonstruktionen Schreibstil: – gepflegt, differenziert, fachsprachlich	3

Aufgaben/Fragen	Lösungen/Antworten	Pt.
1. Finden Sie mindestens ein Wort mit gleicher oder ähnlicher Bedeutung (Synonym). Schreiben Sie es so, dass es genau in den Text passt.	penibel – Z. 5 – überkorrekt/pedantisch/pingelig moderater – Z. 6 – maßvoller/angemessener das Frappierendste – Z. 11 – das Auffälligste/das Erstaunlichste verelenden – Z. 13 – verarmen/zugrunde gehen unterwandern – Z. 18 – untergraben/zerstören gewährten – Z. 27 – zugestandenen/versprochenen/zugesicherten	6
2. Im ersten Text werden diverse Eigenschaften korrupter Personen genannt. Nennen Sie vier weitere.	Eigenschaften: gut ausgebildet/penibel/streng ehrgeizig/fleißig/machtvoll (mächtig)/diszipliniert/leistungsorientiert	2 (je ½)
3. Worauf stützt sich die Autorin bei ihrer Charakterisierung von korrupten Personen?	Auf die Ergebnisse einer Studie der Wissenschaftlerin Britta Bannenberg, Professorin an der Justus-Liebig-Universität Gießen.	2
4. Was meint die Autorin mit diesem Satz?	»Korrumpierende und Korrumpierte sind brüderlich vereint im gemeinsamen Vorteil, die Geschädigten weit weg, eine abstrakte Größe.« (Z. 15/16) Die Menschen, die korrupt sind und die, die sich korrumpieren lassen, halten zusammen, weil beide profitieren. Die Opfer der Korruption blenden sie aus, wollen sie nicht sehen.	3
5. Welche Folgen von Korruption werden im zweiten Text genannt? Ergänzen Sie die Tabelle.	Korruption … – Zeilen: untergräbt den Rechtsstaat. – 21 schwächt die Demokratie. – 21 bewirkt Zorn beim Volk. – 22 führt zu hohen materiellen Schäden. – 23 führt zu Vertrauensverlust in den Staat. – 24 bewirkt schlechtere Leistungen. – 29	4
6. Erklären Sie die Ausführungen in den Zeilen 24 (So kann es …) bis 27 (… eingerechnet), indem Sie den Inhalt in eigenen Worten wiedergeben.	In einem korrupten System werden Aufträge an Unternehmen vergeben, obwohl deren Leistungen teurer und schlechter sind als die Leistungen anderer Unternehmen, die bei einer offenen, fairen Ausschreibung den Auftrag erhalten würden. Das Bestechungsgeld für die Beamten wird in der Regel bei der Rechnung eingerechnet.	4
7. Im ersten Text verwendet die Autorin das Wort »Schädlinge«. Ergänzen Sie das Wortfeld mit vier Synonymen.	Schädlinge: Schmarotzer / Nutznießer / Parasiten / Ungeziefer / Begriff aus der Tier- und Pflanzenwelt	4

<table>
<tr><th>Aufgaben/Fragen</th><th>Lösungen/Antworten</th><th>Pt.</th></tr>
<tr><td>1. Finden Sie mindestens ein Wort mit gleicher oder ähnlicher Bedeutung (Synonym). Schreiben Sie es so, dass es genau in den Text passt.</td><td><table>
<tr><td>verwaiste</td><td>Z. 14/15</td><td>leerstehende/leere/verlassene</td></tr>
<tr><td>strukturellen Fragen</td><td>Z. 16</td><td>Fragen zur Organisation</td></tr>
<tr><td>Organigramme</td><td>Z. 20</td><td>Organisationsbilder/Aufbauschemen</td></tr>
<tr><td>Hierarchien</td><td>Z. 20</td><td>Rangordnungen/Rangstrukturen</td></tr>
<tr><td>Sprösslinge</td><td>Z. 23</td><td>Nachkommen/Nachfahren/Kinder</td></tr>
</table></td><td>5</td></tr>
<tr><td>2. Beantworten Sie stichwortartig folgende Fragen.</td><td><table>
<tr><td>Welche Personen kommen vor?</td><td>Gustav Schnüriger, Vater/Carla Schnüriger, Mutter/Söhne Alec und Jeno</td></tr>
<tr><td>Wer sind die Aktiven, wer die Passiven?</td><td>Aktive: Vater und Sohn Alec
Passive: Mutter und Sohn Jeno</td></tr>
<tr><td>Welches sind die Handlungsorte?</td><td>in der Familie/zu Hause
in der Firma des Vaters</td></tr>
<tr><td>Was fällt auf bei der Wortwahl?</td><td>viele Begriffe aus der Wirtschaftswelt (Quality, Management, Organigramm u. a.)</td></tr>
</table></td><td>4</td></tr>
<tr><td>3. Beantworten Sie folgende Fragen in kurzen Sätzen und/oder mit Stichworten.</td><td>Wie ist die Beziehung zwischen dem Vater und Sohn Alec?
Alec ist der Lieblingssohn. Gustav Schnüriger ist stolz auf ihn und behandelt ihn wie einen Erwachsenen. Alec erfüllt seine Erwartungen.
Wie verhält sich Alec?
abgeklärt, erwachsen, altklug, frühreif; er imitiert seinen Vater, den Manager
Was sagt die Problemlösung mit dem Schoggi-Osterhasen über die Beziehung von Alec zu seinem Bruder Jeno aus?
Er dominiert ihn, behandelt ihn wie einen Angestellten.
Worin hätte eine konstruktive Lösung bestanden?
In einer »brüderlichen« Aufteilung des Geschenks.</td><td>4</td></tr>
<tr><td>4. Der Autor erzählt die Geschichte mit ironischer Distanz. Worin besteht die Ironie der zitierten Textstellen?</td><td><table>
<tr><td>Textstelle:</td><td>Ist ironisch gemeint, denn …</td></tr>
<tr><td>Pädagoge Schnüriger (Titel)</td><td>… Schnüriger erzieht die Söhne wie ein Manager und eben nicht wie ein Pädagoge.</td></tr>
<tr><td>»aber die Zeit, die er ihnen widmet, ist von hoher Quality.« (Z. 7/8)</td><td>… der Vater sieht das so. Doch er kümmert sich wenig um seine Söhne, stattdessen erledigt er Arbeiten (dringende Pendenzen, Z. 25).</td></tr>
</table></td><td>2</td></tr>
<tr><td>5. Welches Sprichwort passt am besten zur Schlusspointe? Begründen Sie Ihre Wahl mit einem kurzen Satz.</td><td>☐ Wer anderen eine Grube gräbt, fällt selbst hinein.
☐ Früh übt sich, was ein Meister werden will.
☒ Der Apfel fällt nicht weit vom Stamm.
☐ Wie du mir, so ich dir.

Begründung: Alec verhält sich wie sein Vater, der Manager.</td><td>2</td></tr>
<tr><td>6. Kreuzen Sie die passenden Antworten an.</td><td>Der Autor zeigt mit der Geschichte auf,
☐ wie man Kinder zu erfolgreichen Managern erzieht.
☐ dass die Mutter für die Kindererziehung am wichtigsten ist.
☒ dass Management und Erziehung nicht dasselbe sind.
☐ was geschieht, wenn die Väter zu viel arbeiten.
☒ was die Folgen einer nicht kindgerechten Erziehung sein können.</td><td>2</td></tr>
</table>

<table>
<tr><th>Aufgaben/Fragen</th><th>Lösungen/Antworten</th><th>Pt.</th></tr>
<tr><td>1. Finden Sie mindestens ein Wort mit gleicher oder ähnlicher Bedeutung (Synonym). Schreiben Sie es so, dass es genau in den Text passt.</td><td><table>
<tr><td>Bummelte</td><td>Z. 7</td><td>Schlenderte/Trödelte/Flanierte</td></tr>
<tr><td>Ressourcen</td><td>Z. 10</td><td>Produkte/Dinge/Waren/Mittel</td></tr>
<tr><td>praktisch</td><td>Z. 12</td><td>fast/beinahe/nahezu</td></tr>
<tr><td>Charme</td><td>Z. 16</td><td>Reiz/Faszination/Anziehung</td></tr>
<tr><td>Sphäre</td><td>Z. 17</td><td>Umgebung/Lebensraum/Atmosphäre</td></tr>
<tr><td>herbeischaffen</td><td>Z. 32</td><td>liefern/bringen/heranbringen</td></tr>
</table></td><td>6</td></tr>
<tr><td>2. Beantworten Sie stichwortartig folgende Fragen.</td><td><table>
<tr><td>Was ist das Thema?</td><td>Online-Shopping (und die Folgen)</td></tr>
<tr><td>Wessen Meinung kommt im Text vor?</td><td>Die Meinung des Autors Michael Allmaier</td></tr>
<tr><td>Was ist die Schreibabsicht?</td><td>Zu vermehrtem Einkaufen in Läden ermuntern (»Geht vor die Tür!«)</td></tr>
<tr><td>Was ist ein Plädoyer?</td><td>Eine Fürsprache, eine Argumentation für oder gegen etwas</td></tr>
</table></td><td>4</td></tr>
<tr><td>3. Im Text werden verschiedene positive und negative Aspekte des Online-Handels erwähnt. Nennen Sie je vier.</td><td><table>
<tr><td>Positive Aspekte:</td><td>Negative Aspekte:</td></tr>
<tr><td>Ware ist günstiger</td><td>weniger Bewegung</td></tr>
<tr><td>Einkaufen ist einfach und bequem</td><td>weniger Geselligkeit</td></tr>
<tr><td>Umtauschen ist einfacher</td><td>weniger Kultur</td></tr>
<tr><td>Zeitgewinn</td><td>mehr Verkehr und Lärm</td></tr>
</table></td><td>4
(je ½)</td></tr>
<tr><td>4. Das Thema »bequemes, leichtes Leben« kommt an mehreren Stellen vor. Finden Sie zwei andere Textstellen.</td><td>»Aber ist das nicht der Traum vom Schlaraffenland?« (Z. 9/10)
»Wir können praktisch alles haben, ohne unser Heim zu verlassen.« (Z. 12/13)
»All das fällt weg, wenn wir online bestellen.« (Z. 20/21)
»Wir gewinnen Zeit für das, was wir wirklich wollen.« (Z. 21)
»Immer mehr wird kostenfrei verschickt, immer schneller wird zugestellt.« (Z. 36)
»Dann flögen uns die gebratenen Tauben tatsächlich in den Mund.« (Z. 37/38)</td><td>2</td></tr>
<tr><td>5. Im Text finden sich Passagen mit kritischem Unterton. Nennen Sie zwei weitere Stellen in den Zeilen 7–17.</td><td><table>
<tr><td>kritischer Unterton:</td><td>Zeilen:</td></tr>
<tr><td>»… die sicher auch lieber grillten und aßen als sammelten und jagten?«</td><td>11</td></tr>
<tr><td>»Dank des Online-Handels sind wir nun am Ziel.«</td><td>12</td></tr>
<tr><td>»… locken uns in eine neue Häuslichkeit, ein digitales Biedermeier.«</td><td>15</td></tr>
</table></td><td>4</td></tr>
<tr><td>6. Erklären Sie mit eigenen Worten, was mit den zitierten Sprachbildern gemeint ist.</td><td>»… und unsere Gesellschaft auf den Kopf gestellt.« (Z. 6)
Bedeutung: … hat unsere Gesellschaft völlig verändert.
»Die Welt kommt zu mir.« (Z. 9)
Bedeutung: Ich kann alles nach Hause bestellen.
»Und wer bezahlt das Porto?« (Z. 14)
Bedeutung: Und wer muss für die negativen Folgen aufkommen?
»Eine Armee von Boten schwitzt für uns …« (Z. 28)
Bedeutung: Viele schlecht bezahlte Lieferanten müssen für uns hart arbeiten.</td><td>4</td></tr>
</table>

<table>
<tr><th>Aufgaben/Fragen</th><th>Lösungen/Antworten</th><th>Pt.</th></tr>
<tr><td>1. Finden Sie mindestens ein Wort mit gleicher oder ähnlicher Bedeutung (Synonym). Schreiben Sie es so, dass es genau in den Text passt.</td><td><table>
<tr><td>Greis</td><td>Z. 1</td><td>alter Mann/alter Herr</td></tr>
<tr><td>gewöhnlicher</td><td>Z. 7</td><td>einfacher/normaler</td></tr>
<tr><td>etwas Besonderes</td><td>Z. 8</td><td>etwas Spezielles/Außergewöhnliches</td></tr>
<tr><td>Eimer</td><td>Z. 9</td><td>Kessel/Kübel/Bottiche</td></tr>
<tr><td>andachtsvoll</td><td>Z. 14</td><td>andächtig/ehrfurchtsvoll/berührt</td></tr>
</table></td><td>5</td></tr>
<tr><td>2. Fassen Sie den Inhalt der Parabel in ein paar kurzen Sätzen zusammen. Verzichten Sie dabei auf direkte Rede.</td><td>Drei Frauen treffen sich beim Wasserholen am Brunnen und loben ihre Söhne. Ein Greis hört ihnen dabei zu. Während zwei Frauen mit dem Können ihrer Söhne prahlen, sagt die dritte, dass ihr Sohn nur ein gewöhnlicher Junge sei. Auf dem Heimweg kommen ihnen die Söhne entgegen. Zwei von ihnen demonstrieren, was sie können. Der dritte hilft seiner Mutter beim Tragen der Wassereimer. Die Frauen fragen den alten Mann, was er zu ihren Söhnen meine. Er antwortet, dass er nur einen einzigen Sohn sehe.</td><td>4</td></tr>
<tr><td>3. Welche Funktion hat der Greis?</td><td>Er ist Beobachter und gleichzeitig moralische Instanz. Am Schluss fällt er mit seiner Antwort ein moralisches Urteil.</td><td>2</td></tr>
<tr><td>4. Welche Erkenntnis passt am besten zur Parabel?</td><td>☐ Eltern sollten nicht angeben mit dem Können ihrer Kinder.
☐ Ältere Menschen können Kinder am besten beurteilen.
☒ Der wahre Wert eines Menschen zeigt sich vor allem darin, was er für andere tut.</td><td>1</td></tr>
<tr><td>5. Kreuzen Sie die zwei korrekten Aussagen an.
Erklären Sie, was bei den falschen Aussagen korrekt wäre.</td><td>A) ☒ Die Geschichte wird chronologisch erzählt.
B) ☐ Der Text besteht mehrheitlich aus Erzählbericht.
C) ☐ Der Erzähler der Parabel ist in der Geschichte präsent.
D) ☒ Die erzählte Zeit umfasst circa eine halbe Stunde.<table>
<tr><td>Buchstabe:</td><td>Korrekte Antwort:</td></tr>
<tr><td>B</td><td>Der Text besteht mehrheitlich aus direkter Rede.</td></tr>
<tr><td>C</td><td>Der Erzähler ist nicht präsent (auktoriale Erzählsituation).</td></tr>
</table></td><td>4</td></tr>
<tr><td>6. Parabel. Streichen Sie die nicht passenden Begriffe durch.</td><td>Die Parabel wird auch ~~Fabel~~/Gleichnis genannt. Es handelt sich dabei meist um kurze Geschichten. Die Absicht besteht darin, die Leserinnen und Leser über moralische Werte/~~gesetzliche Normen~~ nachdenken zu lassen. Viele parabelähnliche Geschichten in Form von Gleichnissen findet man in ~~wissenschaftlichen~~/religiösen Schriften. Die meisten Parabeln sind in einer einfachen/~~eher komplizierten~~ Sprache mit viel Dialog/~~Monolog~~ verfasst und enden oftmals mit einem direkt oder indirekt ausgesprochenen ~~Fazit~~/Moralurteil.</td><td>3
(je ½)</td></tr>
</table>

Aufgaben/Fragen	Lösungen/Antworten	Pt.
1. Finden Sie mindestens ein Wort mit gleicher oder ähnlicher Bedeutung (Synonym). Schreiben Sie es so, dass es genau in den Text passt.	Grüften – Z. 1 – Räumen/Zimmern/Zellen erschlossen – Z. 5 – offen/breit/voll selige – Z. 12 – beglückende/beseelte sättigen – Z. 16 – ernähren/machen … satt	4
2. Vergleichen Sie die Gedichte. Welches sind die unterschiedlichen Themen? Ergänzen Sie.	Themen in »Frühling«: ↔ Themen in »Entfremdung«: Naturverbundenheit ↔ Naturentfremdung innere Harmonie ↔ innere Zerrissenheit Klarheit ↔ Ratlosigkeit Lebensfreude ↔ Lebensmüdigkeit	4
3. Vergleichen Sie die Stimmung. Nennen Sie je drei passende Adjektive und zitieren Sie je drei Textstellen.	Stimmung in »Frühling«: lebensfroh, fröhlich, leicht positiv, hell, schwärmerisch Stimmung in »Entfremdung«: pessimistisch, traurig, schwer negativ, düster, hoffnungslos Textstellen (»Frühling«): blaue Lüfte, Vogelgesang, In Gleiß und Zier von Licht übergossen, Licht, Wunder, lockst mich zart, selige Gegenwart Textstellen (»Entfremdung«): keine Bäume, nicht die Blätter, ohne Liebe, flieht der Wald, schließen die Vögel den Mund, keine Wiese zum Bett, bin satt von der Zeit	6 (je ½)
4. In beiden Gedichten wird die Natur personifiziert. Zitieren Sie je eine Textstelle dazu.	Personifizierung im Hesse-Gedicht: Du kennst mich wieder … Personifizierung im Bachmann-Gedicht: Vor meinen Augen flieht der Wald	2
5. Mit welchen sprachlichen Mitteln wird die Verbundenheit mit der Natur bzw. die Trennung von der Natur ausgedrückt?	Verbundenheit im Hesse-Gedicht: direkte Anredepronomen wie du, deine Trennung im Bachmann-Gedicht: Negationswörter wie keine, nicht, ohne	2
6. Beschreiben Sie in kurzen Sätzen die Beziehung des lyrischen Ichs zur Natur.	Hesse-Gedicht: Hier fühlt sich das lyrische Ich mit der Natur eng verbunden./Es besteht eine Art Liebesbeziehung. Bachmann-Gedicht: Hier nimmt das lyrische Ich die Natur als etwas Fremdes/Liebloses/Abweisendes wahr.	4
7. Ergänzen Sie die Tabelle zur formalen Analyse der beiden Gedichte.	(siehe Tabelle unten)	4

Formelemente:	»Frühling«:	»Entfremdung«:
Strophen und Verszeilen	3 mit je 4 Verszeilen	3 mit variierender Anzahl Verszeilen
Endreime, Reimschema	regelmäßiger Kreuzreim (ABAB)	Bloß zwei Reime (sehen/sehen; werden/werden)
Klang der Wörter	weich (Wie ein Wunder vor mir.)	hart (kann ich keine Bäume mehr sehen.)
Rhythmus	gleichmäßig harmonisch	unruhig zerhackt

Aufgaben/Fragen	Lösungen/Antworten	Pt.
1. Finden Sie mindestens ein Wort mit gleicher oder ähnlicher Bedeutung (Synonym). Schreiben Sie es so, dass es genau in den Text passt.	Hotellobby – Z. 2 – Hotelempfangsraum/Wandelhalle/Foyer unaufdringlich – Z. 3 – dezent/zurückhaltend/diskret Variation – Z. 7 – Version/Modifikation/Art wohlige – Z. 20 – angenehme/behagliche/heimelige Manipulationen – Z. 28 – Beeinflussungen/Fremdeinwirkungen immun – Z. 31 – resistent/unempfänglich/gefeit	6
2. Beantworten Sie stichwortartig folgende Fragen.	Was ist das Thema? – Duftmarketing Was ist die Textintention? – über den Einfluss von Düften auf unser Verhalten informieren Was ist es für eine Textform? – Sachtext/Fachartikel	3
3. Was können Düfte bewirken? Nennen Sie drei weitere Effekte, die im Text erwähnt sind.	Sie können Kundinnen und Kunden an eine bestimmte Marke binden. (Z. 8/9) Sie können Gefühle und Erinnerungen beeinflussen. (Z. 11) Sie können Menschen in eine gute Stimmung bringen. (Z. 20/21) Sie können zu mehr Konsum anregen. (Z. 21/25/26)	3
4. Die Marketing-Wissenschaftlerin Maureen Morrin unterscheidet zwei verschiedene Shopping-Typen. Welche? Worauf reagieren sie?	Shopping-Typ A: der impulsive (spontane) Typ – Reagiert auf: Musik Shopping-Typ B: der besonnene (zögerliche) Typ – Reagiert auf: Gerüche (Düfte)	2 (je ½)
5. Wie ist der Text aufgebaut? Ordnen Sie die entsprechenden Zeilen zu.	Konkrete Anwendung des Duftmarketings – Zeilen: 5–9 Forschungsergebnisse aus den USA – Zeilen: 22–32 Atmosphärisches (persönliches Erlebnis) – Zeilen: 1–5 Neurowissenschaftliche Hintergründe – Zeilen: 10–15 Feldversuch (Test) in Deutschland – Zeilen: 16–21	5
6. Wie ist der Titel zu verstehen?	bildlich/metaphorisch/als Sprachbild/als Metapher Nicht Marken wie z. B. Swissôtel oder EDEKA duften, sondern die Räume, beispielsweise eine Hotellobby oder Einkaufsräume.	2
7. Der Autor verwendet häufig den Doppelpunkt mit der Ankündigungsfunktion. Was wird angekündigt? Setzen Sie die vier passenden Begriffe in die rechte Spalte ein.	Doppelpunkt: – Der Doppelpunkt kündigt an: Zeile 2 – Aufzählung Zeile 4 – Grund Zeilen 8, 19, 30 – Ergänzungen Zeilen 20, 25 – Resultate Auswahl: Resultate/Aufzählung/direkte Rede/Ergänzungen/Zitat/Grund	4

Aufgaben/Fragen	Lösungen/Antworten	Pt.
1. Finden Sie mindestens ein Wort mit gleicher oder ähnlicher Bedeutung (Synonym). Schreiben Sie es so, dass es genau in den Text passt.	verdrießt mich – Z. 4 – verärgert mich/verstimmt mich Heuchelei – Z. 7 – Scheinheiligkeit/Verlogenheit (nicht) zynisch – Z. 10 – (nicht) spöttisch/höhnisch/hämisch offen gestanden – Z. 16 – zugegeben/ehrlich gesagt	4
2. Beantworten Sie folgende Fragen.	Was ist das Thema? – Fabers Einstellung zu Frauen Fabers Beziehung zu Frauen Welches ist das sprachliche Leitmotiv? – allein/alleine/das Alleinsein Wer ist der Ich-Erzähler? – Walter Faber, Ingenieur, um die 50 Jahre Welche Charakterisierung passt am besten zum Ich-Erzähler? ☐ sentimental und egoistisch ☒ egozentrisch und analytisch ☐ empathisch und achtsam	4
3. Was sagen folgende Textstellen über Fabers Haltung gegenüber Frauen aus? Antworten Sie in kurzen Sätzen.	Textstelle: / Aussage: »… weil ich in Gedanken schon weiter bin, gewohnt, voraus zu denken, …« (Z. 4/5) – Er fühlt sich den Frauen (intellektuell) überlegen. »Zärtlichkeiten am Abend, ja, aber Zärtlichkeiten am Morgen sind mir unerträglich …« (Z. 5/6) – Er bestimmt, wann es zu Zärtlichkeiten kommt. Die Frau muss sich anpassen. »… daß Frauen, sobald unsereiner nicht in Form ist, auch nicht in Form bleiben; …« (Z. 15) – Er meint, dass die Frauen (emotional) von den Männern abhängig sind.	3
4. Im Text kommen etliche Verallgemeinerungen vor. Zitieren Sie vier aus den Zeilen 1–13.	Zitate: / Zeilen: »… wie jeder wirkliche Mann …« – 1 »… das erträgt kein Mann.« – 7/8 »… was Frauen nicht vertragen …« – 10 »… Frauen neigen dazu, unglücklich zu werden.« – 13	4
5. Die Aussagen des Ich-Erzählers sind zum Teil widersprüchlich. Zitieren Sie zwei Aussagen, die zur zitierten Stelle im Widerspruch stehen.	Textstelle: »… ich will es nicht anders und schätze mich glücklich, allein zu wohnen …« (Z. 1/2) Widerspruch 1: »Ich gebe zu: Alleinsein ist nicht immer lustig, …« (Z. 14) Widerspruch 2: »Dann stehe ich einfach da, […]. Alles ist nicht tragisch, nur mühsam.« (Z. 27–29)	2
6. Beschreiben Sie den Schreibstil und dessen Wirkung. Erklären Sie den Zusammenhang zwischen Sprache und Inhalt.	Schreibstil: sachlich, nüchtern, emotionslos, wie ein Bericht, meist kurze Sätze mit gleichem Satzbaumuster (Ich bin …/Ich lebe …/ Ich will …) Wirkung: eintönig, gleichförmig, monoton, kalt, kühl, »mechanisch« Zusammenhang Sprache-Inhalt: Der sachliche, nüchterne Berichtstil passt zum Ich-Erzähler, der ein »Kopfmensch« ist. Er betrachtet das Leben, und damit auch Beziehungen und Gefühle, aus rein rationaler Sichtweise.	6

Aufgaben/Fragen	Lösungen/Antworten	Pt.
1. Finden Sie mindestens ein Wort mit gleicher oder ähnlicher Bedeutung (Synonym). Schreiben Sie es so, dass es genau in den Text passt.	schwelt (es) – Z. 3 – brodelt es/rumort es/kocht es Diele – Z. 11 – Eingangsraum/Vorraum/Vestibül unwiederbringlich – Z. 26/27 – endgültig/unwiderruflich/ein für alle Mal gedriftet – Z. 27 – getrieben/auseinandergegangen (höhere) Gefilde – Z. 29 – Kreise/Schichten/Sphären	5
2. Beantworten Sie die vier Fragen stichwortartig.	Wo findet die Handlung statt? – in der Wohnung von Bernhard Aus welcher Perspektive wird erzählt? – Ich-Perspektive/Ich-Erzähler/Felix Welche zwei Darstellungsformen kommen vor? – Erzählbericht und direkte Rede Was ist das Thema? – Freundschaft/Jugend-Freundschaft Veränderung/Ende einer Freundschaft	4
3. Setzen Sie die drei weiteren Figuren ins Schaubild ein.	Figurenkonstellation: Bernhard, Marc, Ich-Erzähler (Felix), Zoe	3
4. Charakterisieren Sie die vier Figuren mit je zwei Adjektiven.	Figur: – Charakterisierung: Ich-Erzähler (Felix) – klar/eigenständig/seriös/authentisch Bernhard – emotional/ordnungsliebend/perfektionistisch Marc – locker/humorvoll/offen/direkt/musikalisch Zoe – gelangweilt/passiv/träumerisch/suchend	4 (je ½)
5. Was ist gemeint mit den zitierten Textstellen? Erklären Sie in eigenen Worten.	»Bernhard nimmt selbst schlechtes Wetter persönlich.« (Z. 4) Er ist sehr empfindsam, bezieht alles auf sich. »… ich solle mich nicht immer in meiner Tonne verkriechen.« (Z. 6/7) … ich soll öfter rausgehen und etwas unternehmen. »Das ist wie ein kosmisches Augenzwinkern.« (Z. 20) Das ist so unberechenbar wie plötzliche Veränderungen im Weltall.	3
6. Der Autor verwendet bei den Dialogen häufig Formen der gesprochenen Sprache, des sogenannten Parlando-Stils. Geben Sie drei weitere Beispiele mit Zeilenangabe. Was ist das Merkmal?	Beispiele für den Parlando-Stil: »Erste Halbzeit ist schon vorbei.« (Z. 1/2) »Tut mir leid« (Z. 8) »Macht ja nichts. Steht sowieso noch null zu null.« (Z. 9) »Mal ziehen?« (Z. 34) Merkmal: unvollständige Sätze/verkürzte Sätze/sogenannte Ellipsen	4

Aufgaben/Fragen	Lösungen/Antworten	Pt.
1. Finden Sie mindestens ein Wort mit gleicher oder ähnlicher Bedeutung (Synonym). Schreiben Sie es so, dass es genau in den Text passt.	mutmaßliche – Z. 2 – vermutete / mögliche / eventuelle das Duo – Z. 5 – die Beiden / das Zweierteam stellen – Z. 6 – erwischen / fangen / schnappen vorläufig – Z. 6 – zunächst / erst einmal / fürs Erste angrenzendes – Z. 15 – anstoßendes / benachbartes	5
2. Ergänzen Sie die Tabelle zum Textvergleich.	(siehe Tabelle unten)	6
3. Welche Personengruppen sind im Fall involviert? Ergänzen Sie das Schaubild.	Zwei junge Männer – verbunden mit: Polizei Hamburg (PK 43); Bundespolizei; Bundespolizeiinspektion; DB-Sicherheitsdienst; Pressestelle der Polizei	5
4. Welche vier Fakten über die Tatverdächtigen kann man aus dem ersten Text entnehmen?	beide männlich / 19- und 21-jährig der Polizei bekannt / deutsche Staatsangehörige	4
5. Welches Hauptmerkmal unterscheidet den zweiten vom ersten Text? Unterstreichen Sie die richtige Antwort. Belegen Sie Ihre Antwort mit zwei Textstellen.	Der zweite Text nennt viel mehr Details / enthält Wertungen und Meinungen / ist aus der Ich-Perspektive verfasst. Zwei Textstellen: Allerdings nicht besonders erfolgreich (Z. 16). / einschlägige »Bekannte« (ergo Wiederholungstäter) (Z. 20/21) / Leider kamen die DB-Sicherheitsmitarbeiter zu spät an den Tatort. (Z. 23) / Aufgrund ihres Alters haben die beiden Beschuldigten wahrscheinlich ein eher mildes Verfahren am Jugendgericht zu erwarten. (Z. 26/27)	3
6. Der zweite Text enthält auch drei erzählerische Passagen. Nennen Sie die Zeilen. Welche Wirkung haben diese Passagen?	Erzählerische Passagen in den Zeilen: 13 / 19/20 / 22 Wirkung: Die erzählerischen Passagen bringen Atmosphäre, Spannung und Anschaulichkeit in den sonst eher nüchternen Bericht.	4

Tabelle zu Aufgabe 2:

	Text 1 (Z. 1–11)	Text 2 (Z. 12–28)
Textsorte:	Pressemitteilung Medienmitteilung	Online-Bericht
Adressaten:	an die Medien an Presseleute	an ein breites Publikum
Herausgeber: (Verfasser)	Bundespolizeiinspektion Hamburg	Bert Olsen
Grundlage des Texts:	Aussagen/Berichte von Beteiligten	Pressemitteilung der Polizei Hamburg
Schreibstil:	neutraler Berichtstil	journalistischer Stil mit Wertungen

Aufgaben/Fragen	Lösungen/Antworten	Pt.
1. Finden Sie mindestens ein Wort mit gleicher oder ähnlicher Bedeutung (Synonym). Schreiben Sie es so, dass es genau in den Text passt.	verhallte – Z. 2 – klang aus/erstarb/verebbte blinzelte – Z. 3 – zwinkerte/blinkerte aufgescheucht – Z. 4 – aufgeschreckt/verscheucht/vertrieben Laken – Z. 6 – Betttuch/Leintuch Wehmut – Z. 9 – Melancholie/Schwermut/Traurigkeit befleckt – Z. 18 – verschmutzt/verunreinigt/verdreckt	6
2. Vervollständigen Sie die Grafik. Lesen Sie dazu auch die Hinweise zum Kontext.	»Die Mittagsfrau« Romanbeginn Handlungsort: Stettin Handlungsraum: Wohnung Zeit: Ende des 2. Weltkriegs Hauptfiguren: Peter (Sohn), seine Mutter Monat und Jahr: Juli 1945 Nebenfiguren: Frau Kozinska, Lehrer Fuchs, Vater Tageszeit: am Morgen	5
3. Beantworten Sie stichwortartig folgende Fragen.	Was ist der Stoff? Zweiter Weltkrieg Was ist das Thema? Leben nach Kriegsende in einer zerstörten Stadt Was ist das Leitmotiv? Suche nach einem besseren Leben	3
4. Welche Funktion hat die Möwe?	Sie wird als Dingsymbol eingesetzt. Sie symbolisiert einerseits Freiheit und Unabhängigkeit. Anderseits fungiert sie mit ihren Schreien als Anklägerin und Warnerin.	3
5. Kreuzen Sie an. ✓ = stimmt – = stimmt nicht ? = kann aus dem Text heraus nicht beantwortet werden.	siehe Tabelle unten	3 (je ½)
6. Analysieren Sie die Erzählstruktur in den Zeilen 1–21. Geben Sie die entsprechenden Zeilen an.	Erzählbericht – Zeilen: 1-3, 4-8, 12-16 Perspektive von Peter – Zeilen: 3/4, 9/11, 17-21 Perspektive der Mutter – Zeilen: keine Gespräch zwischen Mutter und Sohn – Zeilen: 5/6, 12	4

Zu Aufgabe 5:

Aussagen:	✓	–	?
Peter ist etwa 8 Jahre alt.	X		
Er muss wegen Platzmangel in der Küche schlafen.		X	
Peters Mutter arbeitet in einem Krankenhaus.			X
Die Mutter will die Stadt möglichst rasch verlassen.	X		
Regelmäßig fahren Sonderzüge nach Berlin.		X	
Der Vater ist im Krieg gefallen.			X

30 Lösungen – Aufgaben zum Textverständnis S. 88

<table>
<tr><th>Aufgaben/Fragen</th><th>Lösungen/Antworten</th><th>Pt.</th></tr>
<tr><td>1. Finden Sie mindestens ein Wort mit gleicher oder ähnlicher Bedeutung (Synonym). Schreiben Sie es so, dass es genau in den Text passt.</td><td><table>
<tr><td>augenfällig</td><td>Z. 4</td><td>(klar) sichtbar / deutlich / offensichtlich</td></tr>
<tr><td>verwüstet</td><td>Z. 9</td><td>zerstört / vernichtet / ruiniert</td></tr>
<tr><td>Kulmination</td><td>Z. 12</td><td>in einen Höhepunkt / in ein Extrem</td></tr>
<tr><td>konfisziert</td><td>Z. 15</td><td>(staatlich) eingezogen / beschlagnahmt</td></tr>
<tr><td>Misere</td><td>Z. 17</td><td>Elend / Not / Katastrophe</td></tr>
<tr><td>Solidarität</td><td>Z. 24</td><td>Gemeinsinn / Zusammenhalt / Einigkeit</td></tr>
</table></td><td>6</td></tr>
<tr><td>2. Beantworten Sie stichwortartig folgende Fragen.</td><td><table>
<tr><td>Was ist das Thema?</td><td>Europa und seine Entwicklung (Folgen des Nationalismus in Europa)</td></tr>
<tr><td>Wie beurteilt der Autor die europäische Geschichte?</td><td>Sehr negativ. Sie ist geprägt von ständigen Kriegen.</td></tr>
<tr><td>Worin sieht der Autor die Ursache für die Kriege?</td><td>im Nationalismus und den damit verbundenen Interessenkonflikten</td></tr>
<tr><td>Welche Wirkung hatten die Friedensverträge?</td><td>Keine (wenig) Wirkung. Es kam trotz Verträgen immer wieder zu Kriegen.</td></tr>
</table></td><td>4</td></tr>
<tr><td>3. Geben Sie in eigenen Worten wieder, worauf der Autor mit der bildlichen Darstellung in der Einleitung (Z. 1–4) hinweist. Erklären Sie in kurzen Sätzen.</td><td>Er weist darauf hin, dass die Grenzen zwischen den europäischen Nationen dauernd (durch Kriege) verändert wurden. Immer wieder gab es neue Grenzen, wodurch die Grenzziehung unübersichtlich wurde. Natürlich Grenzen zwischen den einzelnen Ländern gibt es nicht.</td><td>3</td></tr>
<tr><td>4. Worauf beziehen sich folgende Textstellen?</td><td><table>
<tr><td>Textstelle:</td><td>Bezieht sich auf …</td></tr>
<tr><td>Mitte des vergangenen Jahrhunderts … (Z. 5)</td><td>das Ende des Zweiten Weltkriegs, auf die Zeit nach 1945</td></tr>
<tr><td>… Kulmination des entfesselnden Nationalismus … (Z. 12)</td><td>den Nationalsozialismus / Hitler-Diktatur / Hitler-Regime</td></tr>
<tr><td>… der heute Uneinsichtigen … (Z. 16)</td><td>die heutigen Nazis / die Rechtsextremen von heute</td></tr>
<tr><td>… Gründerväter des europäischen Friedensprojekts … (Z. 21/22)</td><td>die Politiker, die nach dem Zweiten Weltkrieg die EU gründeten</td></tr>
</table></td><td>4</td></tr>
<tr><td>5. Beurteilen Sie den Schreibstil des Autors. Begründen Sie Ihre Wahl stichwortartig und geben Sie Textbelege an.</td><td>Beurteilung des Schreibstils:
☐ einfach, Alltagssprache ☐ poetischer Stil ☒ anspruchsvoll, Fachsprache

Begründung:
fachsprachliche Begriffe, vor allem aus der Geschichte (z. B. Ideologie, Nationalismus, europäisches Friedenprojekt)
Fremdwörter wie Chiffre, konfisziert, Dependenz
lange Sätze mit komplexer Struktur, besonders in den Zeilen 1–3 und 5–13.</td><td>4</td></tr>
</table>

LERNJOURNAL
LERNJOURNAL

Lernjournal

Vorname, Name: ....

Niveau: ● = einfach
●● = mittel
●●● = anspruchsvoll

Text Nr.	Text	Niveau	Seiten	gelöst am:	Punkte total	Punkte erreicht	Punkte in %	Notizen
1	Lesen formt das Gehirn	●●	30/31		24			
2	Ein netter Kerl	●●	32/33		25			
3	Lieber aufgeregt als abgeklärt	●●●	34/35		26			
4	Regen im Klassenzimmer	●	36/37		26			
5	Tauben im Gras	●●●	38/39		26			
6	Schlechter als Affen	●	40/41		26			
7	Das Lamm und der Wolf Der Wolf und das Schaf Wolf und Lamm	●●	42/43		22			
8	Unterm Rad	●●●	44/45		27			
9	Kleider teilen statt wegwerfen	●●	46/47		28			
10	Motivation: Die Zwei-Faktoren-Theorie nach Herzberg	●	48/49		21			

Lernjournal

Vorname, Name: ....

Niveau: ● = einfach
●● = mittel
●●● = anspruchsvoll

Text Nr.	Text	Niveau	Seiten	gelöst am:	Punkte total	Punkte erreicht	Punkte in %	Notizen
11	Nach der Landung	●●●	50/51		24			
12	Der Fremde	●●	52/53		22			
13	Irgendwann werden wir uns alles erzählen	●●	54/55		23			
14	Gender: Weder Mann noch Frau	●	56/57		20			
15	Vollbeschäftigung	●	58/59		22			
16	Finden Sie heraus, was Sie lieben	●●	60/61		20			
17	Erregendes Leben	●●●	62/63		20			
18	Der neue BMW X5	●●	64/65		22			
19	Wer kein Deutsch spricht, hat keine Stimme	●●●	66/67		25			
20	Die Schädlinge Auswirkungen von Korruption	●●●	68/69		25			

Lernjournal

Vorname, Name: ....

Niveau: ● = einfach
●● = mittel
●●● = anspruchsvoll

Text Nr.	Text	Niveau	Seiten	gelöst am:	Punkte total	Punkte erreicht	Punkte in %	Notizen
21	Pädagoge Schnüriger	●	70/71		19			
22	Geht vor die Tür!	●●	72/73		24			
23	Die drei Söhne	●	74/75		19			
24	Frühling Entfremdung	●●●	76/77		26			
25	Duftende Marken	●	78/79		25			
26	Homo faber	●●	80/81		23			
27	Nächsten Sommer	●●	82/83		23			
28	Mutmaßliche Graffiti-Sprayer vorläufig festgenommen Fahndung nach tatverdächtigen Graffiti-Sprayern	●	84/85		27			
29	Die Mittagsfrau	●●	86/87		24			
30	Der Europäische Landbote	●●●	88/89		21			

Textnachweis

Am Eisweiher

Peter Stamm, Am Eisweiher. Aus: ders., Blitzeis. Erzählungen. © 2011, S. Fischer Verlag GmbH, Frankfurt am Main

Lesen formt das Gehirn (gekürzt)

Mechthild Zimmermann, Lesen formt das Gehirn, Max-Planck-Gesellschaft, 17.4.2018. Verfügbar unter: www.mpg.de/lesen [03.04.2019].

Ein netter Kerl

Gabriele Wohmann, Ein netter Kerl. Aus: Gabriele Wohmann: Habgier. Copyright © 2017 Rowohlt Verlag GmbH, Reinbek bei Hamburg (RR 10651)

Lieber aufgeregt als abgeklärt

»Lieber aufgeregt als abgeklärt« von Eva Menasse © 2015, Verlag Kiepenheuer & Witsch, Köln.

Regen im Klassenzimmer

»Regen im Klassenzimmer«. Aus: »Der Spiegel«, Nummer 51/2017 vom 16.12.2017, Seite 135.

Tauben im Gras (gekürzt)

Wolfgang Koeppen, Tauben im Gras. © Suhrkamp Verlag Frankfurt am Main 1951. Alle Rechte bei und vorbehalten durch Suhrkamp Verlag Berlin.

Schlechter als Affen (gekürzt)

Manfred Dworschak, »Schlechter als Affen«. Aus: »Der Spiegel«, Nummer 14/2018 vom 31.03.2018, Seite 95.

Das Lamm und der Wolf

Frei nach Äsop, Das Lamm und der Wolf. Verfügbar unter Projekt Gutenberg-DE: https://gutenberg.spiegel.de/buch/fabeln-9534/15 [23.08.2019].

Der Wolf und das Schaf

Gotthold Ephraim Lessing, Der Wolf und das Schaf. Aus: Heinz Rölleke (Hrsg), Fabeln. Abhandlungen über die Fabel. Reclams Universal-Bibliothek 27, 2001.

Wolf und Lamm

Helmut Arntzen, Wolf und Lamm. Aus: Kurzer Prozess. Nymphenburger Verlagshandlung, 1966.

Unterm Rad

Hermann Hesse, Unterm Rad. Aus: ders., Sämtliche Werke in 20 Bänden. Herausgegeben von Volker Michels, Band 2. © Suhrkamp Verlag Frankfurt am Main 2001. Alle Rechte bei und vorbehalten durch Suhrkamp Verlag Berlin.

Kleider teilen statt wegwerfen

Wolfgang Kessler, Badische Zeitung vom 23.06.2018.

Motivation: Die Zwei-Faktoren-Theorie nach Herzberg

Nach Wikipedia: Zwei-Faktoren-Theorie (Herberg). CC-BY-SA 3.0. https://de.wikipedia.org/wiki/Zwei-Faktoren-Theorie_(Herzberg) [06.12.2018].

Nach der Landung

Günter Kunert, Nach der Landung. Aus: Tagträume in Berlin und andernorts. Kleine Prosa, Erzählungen, Aufsätze © 1972 Carl Hanser Verlag GmbH & Co. KG, München.

Der Fremde

Silvio Blatter, Brände kommen unerwartet, Prosa 1968, S. 165. Mit freundlicher Genehmigung des Autors.

Irgendwann werden wir uns alles erzählen

Daniela Krien, Irgendwann werden wir uns alles erzählen © 2011 Graf Verlag in der Ullstein Buchverlage GmbH, Berlin.

Gender: Weder Mann noch Frau

Claudia Fromme, »Lann Hornscheidt will weder Frau noch Mann sein«, Süddeutsche Zeitung vom 07.08.2017. Verfügbar unter: www.sueddeutsche.de/leben/gender-lann-hornscheidt-51-will-weder-frau-noch-mann-sein-1.3619139 [03.04.2019].

Vollbeschäftigung (gekürzt)

Uwe Buse, »Vollbeschäftigung«. Aus: »Der Spiegel«, Nummer 14/2018 vom 31.03.2018, Seite 53.

Finden Sie heraus, was Sie lieben

Rede von Steve Jobs an der Stanford Universität. Englisches Original: https://news.stanford.edu/2005/06/14/jobs-061505/ [16.07.2019].

Erregendes Leben

Manfred Bosch, Erregendes Leben. Aus: Uwe Wandrey (Hrsg.): Kein schöner Land? Deutschsprachige Autoren zur Lage der Nation, Rowohlt 1979. Mit freundlicher Genehmigung von Manfred Bosch.

Der neue BMW X5

BMW Marketingkommunikation. Verfügbar unter: www.bmw.de/de/neufahrzeuge/x/x5/2018/bmw-x5-auf-einen-blick.html [16.07.2019].

Wer kein Deutsch spricht, hat keine Stimme (gekürzt)

Sandra Leis, »Wer kein Deutsch spricht, hat keine Stimme«. Aus: »Bücher am Sonntag«, 6/2012, Beilage der NZZ am Sonntag, 24.06.2012.

Die Schädlinge

»Die Schädlinge«. Aus: »NZZ Folio«, 2/2013, Editorial, verfasst von Anja Jardine.

Verfügbar unter: https://folio.nzz.ch/2013/februar/die-schaedlinge [16.07.2019].

Auswirkungen von Korruption

Nach Wikipedia: Korruption. CC-BY-SA 3.0. https://de.wikipedia.org/wiki/Korruption [17.12.2018].

Pädagoge Schnüriger

Martin Suter, Business Class. Copyright © 2000, 2002 Diogenes Verlag AG Zürich.

Geht vor die Tür! (gekürzt)

Michael Allmaier, »Geht vor die Tür!«. Aus: »DIE ZEIT« Nr. 21/2017, 18.03.2017.

Verfügbar unter: www.zeit.de/2017/21/onlineshopping-amazon-fresh-konsum-lieferdienste-tradition-internet [16.07.2019].

Die drei Söhne

Leo Tolstoi. Die drei Söhne. 1887.

Frühling

Hermann Hesse, Sämtliche Werke in 20 Bänden. Herausgegeben von Volker Michels. Band 10: Die Gedichte. © Suhrkamp Verlag Frankfurt am Main 2002. Alle Rechte bei und vorbehalten durch Suhrkamp Verlag Berlin.

Entfremdung

Ingeborg Bachmann, Werke, Bd. 1. Gedichte © 1978 Piper Verlag GmbH, München.

Duftende Marken (gekürzt)

Ragnar Vogt, »Duftende Marken«. Aus: dasgehirn.info, 27.11.2013. Verfügbar unter: www.dasgehirn.info/wahrnehmen/riechen-schmecken/duftende-marken [19.12.2018].

Homo faber

Max Frisch, Homo faber. Ein Bericht. © Suhrkamp Verlag Frankfurt am Main 1957. Alle Rechte bei und vorbehalten durch Suhrkamp Verlag Berlin.

Nächsten Sommer

Edgar Rai, Nächsten Sommer. Roman. © Aufbau Verlag GmbH & Co. KG Berlin 2010.

Mutmaßliche Graffiti-Sprayer vorläufig festgenommen

presseportal.de, Pressemeldung der Bundespolizeiinspektion Hamburg: »BPOL-HH: Mutmaßliche Graffiti-Sprayer vorläufig festgenommen – S-Bahnwagen großflächig besprüht«, 05.12.2018. Verfügbar unter: www.presseportal.de/blaulicht/pm/70254/4134763 [17.07.2019].

Fahndung nach tatverdächtigen Graffiti-Sprayern (gekürzt)

ganz-hamburg.de, »Ausgesprüht – zwei Graffiti-Sprayer in Hamburg Bergedorf gestellt«, 05.12.2018. Verfügbar unter: www.ganz-hamburg.de/stadtleben/polizei-report-hamburg/ausgesprueht-graffiti-sprayer-hamburg-bergedorf-gestellt.html [17.07.2019].

Die Mittagsfrau

Julia Franck, Die Mittagsfrau. © Fischer Taschenbuch Verlag, Frankfurt am Main, 2009.

Der Europäische Landbote

Robert Menasse, Der Europäische Landbote ©Paul Zsolnay Verlag Wien 2012.